"十三五"国家重点图书出版规划项目
交通运输科技丛书·公路基础设施建设与养护
港珠澳大桥跨海集群工程建设关键技术与创新成果书系
国家科技支撑计划资助项目（2011BAG07B05）

港珠澳大桥工程建设职业健康安全与环境（HSE）管理

Occupational Health, Safety and Environment (HSE) Management System for Hong Kong-Zhuhai-Macao Bridge Construction

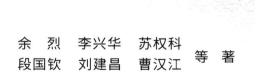

余 烈　李兴华　苏权科
段国钦　刘建昌　曹汉江　等 著

内 容 提 要

本书以作者在大型工程建设职业健康、安全与环境(HSE)一体化管理领域的研究成果为主要内容,以复杂工程建设中的安全环保适应性管理为主线,系统地阐述交通运输设施建设过程中的 HSE 风险识别、评估、控制的方法,详细地介绍了工程建设中 HSE 管理体系建立的成果内容和经验做法。全书依托具体工程实例,对复杂工程在复杂环境中防范职业健康、安全与环保风险的理念、技术、措施、程序等方面的关键问题进行了剖析,对实际工程具有参考价值。

本书可供从事工程设计、建设、管理的科技人员使用,也可作为高等院校工程安全与环境管理专业师生的参考用书。

Abstract

This book takes the author's research results of integrated occupational health, safety and environment (HSE) management system for large-scale engineering construction as the main content. It focuses on the safety and environmental adaptive management in the construction process of large complex engineering. The method of HSE risk identification, assessment and control on the construction process of transportation facilities is systematically set up. The establishment experience of HSE management system for engineering construction is introduced in detail. Relying on specific engineering examples, the book analyzes key issues of the concept, technology, measures and procedures for preventing HSE risks of complex engineering construction in complex environment as a reference for practical projects.

This book can be used by scientific and technical persons engaged in engineering design, construction and management. It can also be used as a reference book for teachers and students in engineering safety and environmental management of colleges and universities.

交通运输科技丛书编审委员会

(委员排名不分先后)

顾　问：陈　健　周　伟　成　平　姜明宝

主　任：庞　松

副主任：洪晓枫　袁　鹏

委　员：石宝林　张劲泉　赵之忠　关昌余　张华庆

　　　　郑健龙　沙爱民　唐伯明　孙玉清　费维军

　　　　王　炜　孙立军　蒋树屏　韩　敏　张喜刚

　　　　吴　澎　刘怀汉　汪双杰　廖朝华　金　凌

　　　　李爱民　曹　迪　田俊峰　苏权科　严云福

港珠澳大桥跨海集群工程建设关键技术与创新成果书系编审委员会

顾　　　问：冯正霖
主　　　任：周海涛
副　主　任：袁　鹏　朱永灵

执 行 总 编：苏权科
副　总　编：徐国平　时蓓玲　孟凡超　王胜年　柴　瑞

委　　　员：（按专业分组）
　　岛隧工程：孙　钧　钱七虎　郑颖人　徐　光　王汝凯
　　　　　　　李永盛　陈韶章　刘千伟　麦远俭　白植悌
　　　　　　　林　鸣　杨光华　贺维国　陈　鸿
　　桥梁工程：项海帆　王景全　杨盛福　凤懋润　侯金龙
　　　　　　　陈冠雄　史永吉　李守善　邵长宇　张喜刚
　　　　　　　张起森　丁小军　章登精
　　结构耐久性：孙　伟　缪昌文　潘德强　邵新鹏　水中和
　　　　　　　丁建彤
　　建设管理：张劲泉　李爱民　钟建驰　曹文宏　万焕通
　　　　　　　牟学东　王富民　郑顺潮　林　强　胡　明
　　　　　　　李春风　汪水银

《港珠澳大桥工程建设职业健康安全与环境(HSE)管理》编写组

组　　长：余　烈　李兴华　苏权科
副 组 长：段国钦　刘建昌　曹汉江
编写人员：郑向前　胡敏涛　郭明华　梁曦锋　刘　坤
　　　　　张　菊　孙殿龙　郑学文　傅毅明　刘春喜
　　　　　翟建辉　原国强　陈金田　汪　海　程长鹏
　　　　　黄维民

总 序
General Preface

科技是国家强盛之基,创新是民族进步之魂。中华民族正处在全面建成小康社会的决胜阶段,比以往任何时候都更加需要强大的科技创新力量。党的十八大以来,以习近平同志为总书记的党中央作出了实施创新驱动发展战略的重大部署。党的十八届五中全会提出必须牢固树立并切实贯彻创新、协调、绿色、开放、共享的发展理念,进一步发挥科技创新在全面创新中的引领作用。在最近召开的全国科技创新大会上,习近平总书记指出要在我国发展新的历史起点上,把科技创新摆在更加重要的位置,吹响了建设世界科技强国的号角。大会强调,实现"两个一百年"奋斗目标,实现中华民族伟大复兴的中国梦,必须坚持走中国特色自主创新道路,面向世界科技前沿、面向经济主战场、面向国家重大需求。这是党中央综合分析国内外大势、立足我国发展全局提出的重大战略目标和战略部署,为加快推进我国科技创新指明了战略方向。

科技创新为我国交通运输事业发展提供了不竭的动力。交通运输部党组坚决贯彻落实中央战略部署,将科技创新摆在交通运输现代化建设全局的突出位置,坚持面向需求、面向世界、面向未来,把智慧交通建设作为主战场,深入实施创新驱动发展战略,以科技创新引领交通运输的全面创新。通过全行业广大科研工作者长期不懈的努力,交通运输科技创新取得了重大进展与突出成效,在黄金水道能力提升、跨海集群工程建设、沥青路面新材料、智能化水面溢油处置、饱和潜水成套技术等方面取得了一系列具有国际领先水平的重大成果,培养了一批高素质的科技创新人才,支撑了行业持续快速发展。同时,通过科技示范工程、科技成果推广计划、专项行动计划、科技成果推广目录等,推广应用了千余项科研成果,有力促进了科研向现实生产力转化。组织出版"交通运输建设科技丛书",是推进科技成果公开、加强科技成果推广应用的一项重要举措。"十二五"期间,该丛书共出版72册,全部列入"十二五"国家重点图书出版规划项目,其中12册获得国家出版基金支持,6册获中华优秀出版物奖图书提名奖,行业影响力和社会知名度不断扩大,逐渐成为交通运输高端学术交流和科技成果公开的重要平台。

"十三五"时期,交通运输改革发展任务更加艰巨繁重,政策制定、基础设施建设、运输管理等领域更加迫切需要科技创新提供有力支撑。为适应形势变化的需要,在以往工作的基础上,我们将组织出版"交通运输科技丛书",其覆盖内容由建设技术扩展到交通运输科学技术各领域,汇集交通运输行业高水平的学术专著,及时集中展示交通运输重大科技成果,将对提升交通运输决策管理水平、促进高层次学术交流、技术传播和专业人才培养发挥积极作用。

当前,全党全国各族人民正在为全面建成小康社会、实现中华民族伟大复兴的中国梦而团结奋斗。交通运输肩负着经济社会发展先行官的政治使命和重大任务,并力争在第二个百年目标实现之前建成世界交通强国,我们迫切需要以科技创新推动转型升级。创新的事业呼唤创新的人才。希望广大科技工作者牢牢抓住科技创新的重要历史机遇,紧密结合交通运输发展的中心任务,锐意进取、锐意创新,以科技创新的丰硕成果为建设综合交通、智慧交通、绿色交通、平安交通贡献新的更大的力量!

2016 年 6 月 24 日

序 Preface

2003年,港珠澳大桥工程研究启动。2009年,为应对由美国次贷危机引发的全球金融危机,保持粤、港、澳三地经济社会稳定,中央政府决定加快推进港珠澳大桥建设。港珠澳大桥跨越珠江口伶仃洋海域,东接香港特别行政区,西接广东省珠海市和澳门特别行政区,是"一国两制"框架下粤、港、澳三地合作建设的重大交通基础设施工程。港珠澳大桥建设规模宏大,建设条件复杂,工程技术难度、生态保护要求很高。

2010年9月,由科技部支持立项的"十二五"国家科技支撑计划"港珠澳大桥跨海集群工程建设关键技术研究与示范"项目启动实施。国家科技支撑计划,以重大公益技术及产业共性技术研究开发与应用示范为重点,结合重大工程建设和重大装备开发,加强集成创新和引进消化吸收再创新,重点解决涉及全局性、跨行业、跨地区的重大技术问题,着力攻克一批关键技术,突破瓶颈制约,提升产业竞争力,为我国经济社会协调发展提供支撑。

港珠澳大桥国家科技支撑计划项目共设五个课题,包含隧道、人工岛、桥梁、混凝土结构耐久性和建设管理等方面的研究内容,既是港珠澳大桥在建设过程中急需解决的技术难题,又是交通运输行业建设未来发展需要突破的技术瓶颈,其研究成果不但能为港珠澳大桥建设提供技术支撑,还可为规划研究中的深圳至中山通道、渤海湾通道、琼州海峡通道等重大工程提供技术储备。

2015年底,国家科技支撑计划项目顺利通过了科技部验收。在此基础上,港珠澳大桥管理局结合生产实践,进一步组织相关研究单位对以国家科技支撑计划项目为主的研究成果进行了深化梳理,总结形成了"港珠澳大桥跨海集群工程建设关键技术与创新成果书系"。书系被纳入了"交通运输科技丛书",由人民交通出版社股份有限公司组织出版,以期更好地面向读者,进一步推进科技成果公开,进一步加强科技成果交流。

值此书系出版之际,祝愿广大交通运输科技工作者和建设者秉承优良传统,按照党的十八大报告"科技创新是提高社会生产力和综合国力的战略支撑,必须摆在国家发展全局的核心位置"的要求,努力提高科技创新能力,努力推进交通运输行业转型升级,为实现"人便于行、货畅其流"的梦想,为实现中华民族伟大复兴而努力!

港珠澳大桥国家科技支撑计划项目领导小组组长
本书系编审委员会主任

2016 年 9 月

前言

本书是以国家科技支撑计划"港珠澳大桥跨海集群工程建设关键技术研究与示范"课题五"跨境隧-岛-桥集群工程的建设管理、防灾减灾及节能环保关键技术"的研究成果为基础编著而成的。

20世纪90年代,中国石油化工行业结合自身的实践需要,率先从国外引进了《石油天然气工业健康、安全与环境管理体系》,推动石油化工行业在职业健康、安全、环境管理体系(HSE管理体系)方面取得长足进步,实现了由传统安全、环保管理向现代体系化管理的跨越式转变。国内交通运输建设工程的安全、环保管理,也需要系统地开展HSE管理体系的研究和示范应用,以满足当前行业基础设施建设中安全、环保管理的现实需要和发展趋势。

港珠澳大桥是隧-岛-桥三种结构的大型复杂集群工程,推动工程建设中职业健康、安全与环境(HSE)管理达到国际先进水平,将其建成为绿色环保示范工程,传统的安全环保管理模式已不能满足要求。HSE管理体系作为集成化的、持续改进的、风险前置的、责任清晰的职业健康和工程安全环保先进管理理念,将其引入跨海隧-岛-桥集群工程建设中,确保工程建设过程中不出大的健康、安全与环境问题,是支撑该工程高质量完成的极其重要的内容之一。

本书根据课题研究成果,从复杂工程建设过程中的安全环保适应性管理研究入手,识别交通运输基础设施建设过程中的职业健康、安全与环保风险,提出风险控制措施和程序,建立以工程为对象的HSE管理体系,并在工程建设各标段中示范应用,开展体系的有效性验证。本书主要创新点在于,首次在交通运输大型复杂工程建设领域建立以工程为对象、各参建单位耦合一体的HSE管理体系,提升跨区域集群工程建设过程中职业健康、安全生产和环境保护保障水平,并尝试在交通运输行业推动HSE管理体系应用,也希望其成果和经验能够对其他行业基础设施的建设管理提供参考和借鉴。

全书共分 7 章,编写分工如下:全书大纲和编排思路由苏权科、李兴华、刘建昌共同拟定;第 1 章由苏权科、李兴华、余烈共同编写;第 2 章由苏权科、李兴华、段国钦、刘建昌、傅毅明共同编写;第 3 章由李兴华、刘建昌、曹汉江、郭明华、郑学文共同编写;第 4 章由李兴华、余烈、段国钦、刘建昌、郑向前、胡敏涛、张菊共同编写;第 5 章由段国钦、刘建昌、曹汉江、梁曦锋、刘坤、郭明华、孙殿龙共同编写;第 6 章由苏权科、李兴华、刘建昌、郭明华、段国钦、曹汉江共同编写;第 7 章由苏权科、余烈、段国钦、曹汉江、刘春喜、翟建辉、原国强、陈金田、汪海、程长鹏、黄维民等共同编写。苏权科、李兴华、刘建昌对全书进行了审校。

本书在编写过程中得到了中国标准化研究院、中国安全生产科学研究院、中国石油天然气集团公司、广东省安全生产技术中心、长安大学及港珠澳大桥各参建单位和人员的大力支持,在此表示感谢。

由于编者水平有限,书中难免有疏漏和不妥之处,敬请读者和专家批评指正。

作 者
2018 年 1 月

目录

第1章 绪论 ... 1
1.1 工程背景 ... 1
1.2 管理需求 ... 2
1.3 解决途径 ... 3
1.3.1 任务目标 ... 3
1.3.2 方法途径 ... 4
1.3.3 实现难点 ... 4
1.4 管理实践 ... 5

第2章 工程安全和环保适应性管理进展 ... 7
2.1 适应性管理的发展历程和方法 ... 7
2.1.1 生态系统的适应性管理 ... 7
2.1.2 社会组织的适应性管理 ... 9
2.1.3 工程建设风险评估管理 ... 10
2.1.4 适应性管理的模式解析 ... 11
2.2 管理体系的发展进程 ... 13
2.2.1 体系化管理的理念 ... 13
2.2.2 环境管理体系的发展 ... 14
2.2.3 职业健康安全管理体系的发展 ... 16
2.2.4 HSE 管理体系的应用 ... 17
2.3 交通基础设施建设中的健康、安全、环境问题 ... 18
2.3.1 健康问题 ... 18
2.3.2 安全问题 ... 18
2.3.3 环境问题 ... 20
2.4 工程建设中健康、安全、环保管理的系统分析 ... 22
2.4.1 管理需求的系统分析 ... 22

  2.4.2 管理对策的系统分析 ·· 23
  2.4.3 体系化管理的思路 ·· 24
第3章 交通基础设施建设风险源辨识和系统分析 ·· 26
 3.1 危险源辨识与风险评价 ·· 26
 3.2 环境因素识别与影响评价 ·· 29
 3.3 影响健康的有害因素识别 ·· 30
 3.4 交通行业职业健康安全环保一体化管理的必要性 ···································· 31
  3.4.1 交通基础设施建设施工中的风险 ·· 31
  3.4.2 交通基础设施建设安全管理中深层次问题 ······································ 37
  3.4.3 参建单位 HSE 管理体系运行现状和问题 ·· 38
  3.4.4 基础设施建设安全环保任务和困境 ·· 39
  3.4.5 其他行业 HSE 标准与交通基础设施建设适用性 ··························· 40

第4章 交通基础设施建设健康、安全、环境的常规管理 ·································· 42
 4.1 交通行业职业健康、安全、环境的常规管理要求 ···································· 42
  4.1.1 交通行业的职业健康、安全管理要求 ·· 42
  4.1.2 交通行业的环境管理要求 ·· 47
 4.2 平安工地、安全标准化管理模式及要素特点 ·· 52
  4.2.1 安全生产管理模式 ·· 52
  4.2.2 交通行业平安工地建设 ·· 53
  4.2.3 公路水运品质工程 ·· 55
  4.2.4 交通行业安全标准化 ·· 55
  4.2.5 交通行业建设项目常规 HSE 管理要素特点 ···································· 57

第5章 港珠澳大桥 HSE 管理复杂性分析 ·· 60
 5.1 港珠澳大桥主体工程复杂性 ·· 60
  5.1.1 工程建设目标和建设理念 ·· 61
  5.1.2 创新技术标准 ·· 62
  5.1.3 人工岛快速成岛 ·· 62
  5.1.4 隧道管节工厂化生产 ·· 62
  5.1.5 隧道地基处理 ·· 63
  5.1.6 沉管浮运安装 ·· 63
  5.1.7 桥梁结构装配化施工 ·· 64
  5.1.8 桥梁钢结构自动化制造 ·· 65
  5.1.9 材料与装备研发 ·· 65

  5.1.10　项目管理 ·· 66
 5.2　港珠澳大桥 HSE 管理复杂性 ··· 67
  5.2.1　项目安全和职业健康的复杂性 ··· 67
  5.2.2　项目环境复杂性、难点 ··· 70
  5.2.3　项目 HSE 管理总体复杂性 ·· 72
 5.3　港珠澳大桥 HSE 风险管理分析 ·· 73
  5.3.1　项目安全和职业健康管理风险 ··· 73
  5.3.2　项目环境管理风险 ·· 86

第6章　港珠澳大桥主体工程 HSE 管理体系 ·································· 87
 6.1　体系的引入 ··· 87
  6.1.1　体系引入的必要性 ·· 87
  6.1.2　体系的理念 ·· 89
  6.1.3　体系的演变 ·· 91
 6.2　体系的构成与要素 ··· 92
  6.2.1　核心任务 ··· 92
  6.2.2　体系架构与重点环节 ··· 92
  6.2.3　体系内容与要素构成 ··· 94
  6.2.4　体系实施与运行 ·· 100
 6.3　体系的合理性与先进性 ·· 103
  6.3.1　应用成效 ··· 103
  6.3.2　体系合理性 ·· 104
  6.3.3　体系先进性 ·· 105
 6.4　与石油行业的异同性分析 ··· 107
  6.4.1　管理架构异同性分析 ··· 107
  6.4.2　管理内容异同性分析 ··· 110
  6.4.3　管理重点异同性分析 ··· 111
 6.5　与交通行业常规管理的异同性分析 ······································ 112
  6.5.1　行业内法规、管理要求对比 ··· 112
  6.5.2　平安工地、安全标准化管理对比 ···································· 114
  6.5.3　管理重点异同性分析 ··· 117
 6.6　体系概要 ·· 118

第7章　港珠澳大桥主体工程 HSE 管理要点及示范 ························ 124
 7.1　总承包方(建设业主)HSE 管理要点 ····································· 124

- 7.1.1 职业健康安全环境管理体系 ………………………………………………… 124
- 7.1.2 管理职责 …………………………………………………………………… 125
- 7.1.3 资源的确定和提供 ………………………………………………………… 126
- 7.1.4 实施与运行 ………………………………………………………………… 127
- 7.1.5 检查、监测和测量、整改、事故管理 …………………………………… 129
- 7.1.6 审核与评审 ………………………………………………………………… 130

7.2 承包人(参建单位)HSE 管理要点 ……………………………………………… 131
- 7.2.1 体系要求 …………………………………………………………………… 131
- 7.2.2 领导承诺、方针目标和责任 ……………………………………………… 131
- 7.2.3 风险源普查、风险评估和风险管理 ……………………………………… 132
- 7.2.4 资源和文件控制 …………………………………………………………… 132
- 7.2.5 健康安全环境管理 ………………………………………………………… 133
- 7.2.6 检查、监测与考核 ………………………………………………………… 135
- 7.2.7 不符合、隐患整改、事故处理 …………………………………………… 135
- 7.2.8 审核、评审和持续改进 …………………………………………………… 136

7.3 HSE 管理工具要点 ………………………………………………………………… 136
- 7.3.1 HSE 管理工具内容 ………………………………………………………… 136
- 7.3.2 HSE 管理工具作用 ………………………………………………………… 136
- 7.3.3 HSE 管理工具模块 ………………………………………………………… 137

7.4 HSE 体系示范 ……………………………………………………………………… 141
- 7.4.1 HSE 管理示范策划 ………………………………………………………… 141
- 7.4.2 建设业主 HSE 管理示范 …………………………………………………… 142
- 7.4.3 参建单位 HSE 管理示范 …………………………………………………… 143

参考文献 ………………………………………………………………………………… 145

索引 ……………………………………………………………………………………… 148

第 1 章 绪 论

随着我国大型交通基础设施建设进程的加快,建设过程中出现了一系列的职业健康与生产安全、环保等方面的问题。要有效解决这些方面的问题,亟待建立科学实用的职业健康、安全与环境管理体系,以协调主体工程建设和安全、环保措施落实之间的关系。本书以港珠澳大桥工程建设为例,探讨体系化管理在交通运输基础设施建设中应用的有效性,明确责任分担和管理机制,健全施工全过程风险控制,以期为提高我国大型交通基础设施建设水平提供借鉴。

1.1 工程背景

本书是基于港珠澳大桥工程建设过程中安全、环境方面的风险相对较高的实际,为探索复杂工程如何强化安全环保适应性管理而编制的。港珠澳大桥是为解决香港与珠江西岸及澳门地区之间的客货运输需求,建立的连接珠江东西两岸新的陆路运输通道。该工程由隧-岛-桥三种结构集合而成,为国内首次,在国际上也不多见,可供借鉴的经验很少,工程整体难度极大。该工程具有国家战略性,工程投资大、施工难度高、建设周期长、技术设计和环保要求高、项目参与方众多、管理协调复杂,对工程建设期的健康、安全与环境管理要求非常严格和迫切。在桥梁工程、隧道工程和人工岛的设计与施工方面,面临的安全环保难点主要有:施工安全管理、环保管理、合理的施工组织设计、环保监测技术、开挖环保控制、施工风险管理、中华白海豚的保护、应急管理、施工人员职业健康等。由于港珠澳大桥的施工涉及粤、港、澳三个地区,工程建设的安全、环保管理和协调难度也是世界级的,面临着极大的挑战。

港珠澳大桥作为隧-岛-桥三种结构的大型复杂集群工程,工程内容囊括跨海桥梁、海底隧道、离岸人工岛填筑等多个领域。其建设过程常受到台风、暴雨、雷电、高温、水文、地质、航道保障、航空限高、海洋环保等环境,以及人员、设备、排放物质等综合因素的影响,高危险作业密集,易发生安全事故和环境事故,造成人员伤亡、财产损失、能源资源的消耗、生态破坏。

为确保工程建设中健康、安全与环境保障管理达到国际先进水平,将其建成为绿色环保示范工程,传统的安全环保管理模式已不能满足要求,需要对其进行改进。职业健康、安全与环境管理体系(简称 HSE 管理体系)作为集成化的、持续改进的、风险前置的、责任清晰的职业健康和工程安全环保先进管理理念,将其引入跨海隧-岛-桥集群工程建设中,确保工程建设过程中避免重大的健康、安全与环境问题,是支撑该工程高质量完成的极其重要的内容之一。因此,迫切需要对港珠澳大桥引入 HSE 管理体系的有效性进行验证,用以指导本工程建设的各个环节。最终目的是,整体建设过程中实现社会和谐、提高作业人员的幸福感和尊严。这既符合当今时代人文关怀、环境保护的要求,同时又是建设单位文明施工、安全施工、节能降耗、生态保护的有效途径。

本书是国家科技支撑计划项目"港珠澳大桥跨海集群工程建设关键技术研究与示范"(2011BAG07B00)课题五"跨境隧-岛-桥集群工程的建设管理、防灾减灾及节能环保关键技术"(2011BAG07B05)子课题三"跨境隧-岛-桥集群工程安全环境管理需求与对策研究"(2011BAG07B05-03)专题 1"交通运输基础设施建设安全和环保适应性管理研究"的研究成果。

1.2　管理需求

HSE 管理体系是健康(Health)、安全(Safety)和环境(Environment)管理体系的简称,是组织实施健康、安全与环境管理的组织机构、职责、做法、程序、过程和资源等要素有机构成的整体。这些要素通过先进、科学、系统的运行模式有机地融合在一起,相互关联、相互作用,形成动态管理体系。该体系最初由国际知名的石油化工企业最先提出。1996 年 1 月,ISO/TC 67 的 SC6 分委会发布 ISO/CD 14690《石油和天然气工业健康、安全与环境管理体系》,1997 年 6 月中国石油天然气总公司参照 ISO/CD 14690 制定了企业标准 SY/T 6276—1997《石油天然气工业健康、安全与环境管理体系》,形成了行业系统的 HSE 管理体系标准。

HSE 管理体系要求组织开展生产过程中的各类风险分析,确定其自身活动可能发生的危害和后果,根据不同的风险程度设置不同等级和类型的防控手段和控制措施,多层次防止安全和环境危害发生,以减少可能引起的人员伤害、财产损失、环境污染和生态破坏。它强调预判预防和持续改进,具有高度自我约束、自我完善、自我激励机制,因此是一种现代化的管理模式,是现代安全生产管理企业制度之一。HSE 管理体系是三位一体管理体系,健康是指劳动者身体上没有疾病,在心理上保持一种完好的状态;安全是指在劳动生产过程中,努力改善劳动条件、克服不安全因素,使劳动生产在保证劳动者健康、企业财产不受损失、人民生命安全的前提下顺利进行;环境是指与人类密切相关的、影响人类生活和生产活动的各种自然力量或作用的总和,它不仅包括各种自然因素的组合,还包括人类与自然因素间相互形成的生态关系的组合。由于安全、环境与健康的管理在实际工作过程中有着密不可分的联系,因此把健康、安全和环境形成一个整体的管理体系,是现代化管理的必然趋势。

交通运输领域基础设施种类较多,有道路、隧道、桥梁、航道、港口、交通枢纽及其综合工程等。这些交通基础设施在最近几年得以大规模建设,在其建设质量方面,已形成比较完善的生产过程质量保证体系,但在建设过程中也频频出现健康、安全和环保问题。如何在保证建设工程质量的基础上,总结经验和教训,规范健康、安全和环境行为,既符合当今时代人文关怀、环境保护的要求,同时又为建设施工单位提供文明施工、安全施工、节能降耗、环境保护的有效途径,建立交通运输行业基础设施建设过程中的健康、安全、环保一体化管理体系显得尤为重要和迫切。

港珠澳大桥是隧-岛-桥三种结构的大型复杂集群工程,如何推动工程建设中健康、安全与环境保障管理达到国际先进水平,将其建成为绿色环保示范工程,传统的安全环保管理模式已不能满足要求,需要对其进行改进。HSE 管理体系作为集成化的、持续改进的、风险前置的、责任清晰的职业健康和工程安全环保先进管理理念,将其引入跨海隧-岛-桥集群工程建设中,确保工程建设过程中避免重大的健康、安全与环境问题,是支撑该工程高质量完成的极其重要的内容之一。因此,迫切需要对港珠澳大桥引入 HSE 管理体系的有效性进行验证,用以指导本工程建设的各个环节。

大量文献和案例研究表明,在交通运输行业生搬硬套石油化工行业的安全、环境与健康(HSE)管理体系并不完全适合交通运输行业基础设施建设的特点,交通运输行业 HSE 管理体系的建立尚需大量的技术深化研究。本书提出了风险体系化管理如何与工程建设具体建设内容、环节、特点适应性融合的方法和案例,对优化交通运输行业工程建设运营过程的安全和环保管理模式,具有一定的参考价值。

1.3 解决途径

1.3.1 任务目标

本书研究形成了港珠澳大桥管理局标准《港珠澳大桥主体工程建设健康安全环境一体化管理的技术指南》,为港珠澳大桥建设中适应性职业健康、安全和环境管理示范提供了技术指导,主要完成了三方面的任务。

任务一是提出大型交通基础设施建设中 HSE 管理体系的构建指南。在系统辨识不同类型交通运输基础设施建设过程的安全、环境、健康问题及其对策的基础上,遵循基于"策划—实施—检查—改进"(PDCA)的"戴明循环"原理,构建 HSE 管理框架模式。针对典型交通基础设施建设中 HSE 管理体系的差异性,运用系统方法研究几种交通运输基础设施建设的 HSE 管理体系的融合途径,提出适用于指导全行业基础设施建设中 HSE 管理体系的构建指南。

任务二是构建适应性的港珠澳大桥工程建设 HSE 管理体系。对大桥建设过程中各类活动、设施及其场所进行危害因素识别,对其产生的风险进行评价和控制,确定相关的管理内容。按照交通运输基础设施建设中 HSE 管理体系的构建指南,选择编制大桥工程 HSE 管理体系的要素组成。根据要素组成,提出了程序体系和作业管理体系,构建相应的 HSE 管理体系文件,开展关键管理程序和作业管理实施的有效性模拟和验证。

任务三是实现标准化的交通运输基础设施建设安全环保生产。将大桥建设过程中各类活动安全、环保管理检验,结合交通运输基础设施建设中 HSE 管理体系的构建指南,形成交通运输基础设施建设过程中 HSE 风险控制措施的标准化,为行业安全生产和环保管理提供通用范式。

1.3.2 方法途径

通过引入体系化管理的思路,对交通运输基础设施建设安全与环保管理体系进行技术优化研究,按照风险管理的方法初始评价交通运输基础设施建设过程中的安全、环保方面的关键问题,确定构成健康、安全和环保管理体系的要素组成,构建适用于典型交通运输基础设施建设的 HSE 管理体系框架,编制体系指南,并以港珠澳大桥为示范。本书研究过程中采用的技术路线如图 1-1 所示。

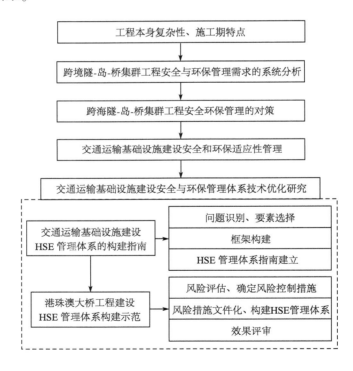

图 1-1 技术路线图

1.3.3 实现难点

1996 年 9 月,中国石油天然气总公司结合自身的实践需要,率先从国外引进了 ISO/CD

14690《石油天然气工业健康、安全与环境管理体系》,推动石油化工行业在 HSE 管理体系方面取得长足进步,实现了由常规安全环保管理向现代体系化管理的跨越式转变。近些年,相关行业也在探索相应的行业 HSE 管理体系建设。国内交通基础设施建设行业的安全环保管理,目前仍处于传统管理和系统管理的过渡阶段,尚未系统地进行 HSE 管理体系的研究和建设,尤其是没有交通运输基础设施建设行业内的 HSE 技术指导,而这方面的研究和示范是应对当前行业内基础设施建设中安全、环保问题的现实需要和发展趋势。

港珠澳大桥作为隧-岛-桥大型复杂集群工程,确保工程建设过程中不出大的健康、安全与环境问题,保障体系的科学建立需要突破的技术难点主要包括:

(1) 交通运输基础设施建设领域应用 HSE 管理体系的适用性分析,需要大量的技术先进国家、区域、行业、专业等方面的对比调研。

(2) 交通运输基础设施建设 HSE 管理体系的问题识别、要素选择、框架构建、体系指南编制,需要大量的场景模拟和示范实践。

(3) 典型交通运输基础设施建设中 HSE 管理体系差异化的适应性集成融合,需要大量的不同类型的已有工程和在建工程的现场跟踪、样本分析和建设施工体系归纳工作。

(4) 港珠澳大桥建设的 HSE 管理体系的优化构建和有效性验证,需要在该体系建立的基础上,通过建立系统和人员组织,进行适应性模拟。

(5) 桥、隧、岛等多种基础设施在集群工程建设 HSE 管理体系中存在较多的差异性,需要通过多次现场勘察,了解制约因素,在体系文件中予以适应性融合和落实。

1.4 管理实践

本书已形成的成果主要包括港珠澳大桥管理局标准《港珠澳大桥主体工程建设健康安全环境一体化管理的技术指南》(简称指南),是以业主/施工总承包方为主体、以专业分包方为重要组成部分的交通运输基础设施建设健康安全环境一体化管理体系文件的编制指南。指南第一部分是体系编制的规范(适用于业主/施工总承包方建立健康安全环境管理体系);第二部分是体系建设施工 HSE 实施规程(适用于专业分包施工单位建立健康安全环境管理文件);第三部分是体系健康安全环境管理工具(适用于建立、实施、保持各级参建单位的健康安全环境管理体系的技术支持)。2012 年 8 月 27 日指南文件通过专家会审。自 2012 年 10 月至工程建设交工前,针对指南组织实施了工程示范,编制了适应业主(港珠澳大桥管理局)和各个桥梁、人工岛、隧道、路面、房建等工程标段单位需要的职业健康、安全、环境管理体系,并开展了适应性验证和示范应用。

本书主要创新点在于,对复杂工程建设进行安全和环保适应性管理研究,建立交通运输基础设施建设 HSE 管理体系的构建指南,开展示范应用。

（1）首次在交通运输大型复杂工程建设领域建立 HSE 管理体系，提升跨海集群工程建设过程中职业健康、安全生产和环境保护水平；

（2）尝试在交通运输行业推动 HSE 管理体系，提升整个交通运输行业基础设施建设过程中的职业健康、安全生产和环境保护水平，建立包括交通基础设施工程在内的、满足行业特点的 HSE 管理体系的构建指南。

（3）HSE 管理体系作为集成化的、持续改进的、风险前置的、责任清晰的职业健康和工程安全环保先进管理理念，引入跨海隧-岛-桥集群工程建设中，用以指导本工程建设的各个环节，主动接受最严格风险管控模式，协调建设全过程。

（4）通过对港珠澳大桥引入 HSE 管理体系，探索了复杂工程建设过程中实现生产安全风险受控的途径，有助于优化和实现交通运输基础设施建设过程的安全和环保生产标准化。

第 2 章　工程安全和环保适应性管理进展

各类系统中,当要素与要素且与系统相互适应时,系统就能实现协同进化;反之,则会不稳定,甚至趋于瓦解。管理都存在着某种程度的适应性问题,但只有当适应性问题成为管理者关注的首要问题时,才可以称为适应性管理。工程建设中的风险评估推动的适应性管理,可以说服不同的利益相关者参与适应性风险管理,探索风险减缓机制。适应性管理反映了在当代复杂多变的社会条件下管理实践的普遍要求,体现了当今管理者和学者们的管理经验和智慧,作为一种全新的管理理念具有较强的生命力。交通基础设施建设项目工程施工投资规模大、施工周期长、专业知识涉及面较广、参建单位多、突发性和多变性风险多、人员流动性强、员工能力参差不齐,其发生健康、安全和环境事故的概率和损失更大,应用 HSE 体系化管理理念显得愈发重要。

2.1　适应性管理的发展历程和方法

2.1.1　生态系统的适应性管理

适应性管理最初的名称是"适应性环境评估与管理"(Adaptive Environmental Assessment and Management),它是由生态学家 C. S. Holling 和 Carl J. Walters 在 20 世纪 70 年代提出的。适应性管理通过科学管理、监测和调控管理活动来提高当前数据收集水平,以满足生态系统容量和社会需求方面的变化。它围绕系统管理的不确定性展开一系列设计、规划、监测、管理资源等行动,目的在于实现系统健康及资源管理的可持续性。这种管理方式常被应用在澳大利亚和北美地区,最初被应用于渔业管理,随后被应用于各类应用系统(IIASA, in Vienna, Austria)[1]。与适应性管理相区别的传统管理模式本质上是反复试验(Trial and Error)的管理方法[2],又称为反应性学习(Reactive Learning)[3]或危机管理(Crisis Management)[4],通常采取一种措施管理,直至有新理论和实践推动产生新的管理方式和方法[5]。

从生物学上讲,适应性是指生物体与环境表现相适合的现象。适应性是通过长期的自然选择,需要很长时间形成的。应激性的结果是使生物适应环境,它是生物适应性的一种表现形式。但生物体的有些适应特征是通过遗传传给子代的。并非生物体接受某种刺激后才能产生适应性,这与应激性是不同的。虽然生物对环境的适应是多种多样的,但究其根本,都是由遗传物质决定的。适应之所以具有相对性是遗传基础的稳定性和环境条件的变化相互作用的结果。遗传物质具有稳定性,它是不能随着环境条件的变化而迅速改变的,这就导致已经形成的适应一般要落后于环境条件的变化,这是造成适应相对性的主要原因。适应的相对性还表现在它是一种暂时的现象,而不是永久性的。当环境条件出现较大的变化时,适应就变成了不适应,有时还成为有害的甚至致死的因素。

适应性生态系统管理(Adaptive Ecosystem Management)是指在生态系统功能和社会需要两方面建立可测定的目标,通过控制性的科学管理、监测和调控管理活动来提高当前数据收集水平,以满足生态系统容量和社会需求方面的变化[6]。生态系统本身及其外部环境中存在大量的不确定因素,包括:①管理目标的不确定性。可持续性是生态系统管理的总目标,但在构造这一目标体系上存在不确定性。②状态不确定性,即由于生态系统非常复杂和经常受到随机干扰,对于生态系统是否处于可持续状态具有不确定性。③管理决策的不确定性,即科学家与决策者之间存在不协调的关系给管理决策带来了不确定性。把科学作为管理决策的基础,使科学家与管理决策者相互协作,共同制定适合于生态系统和适应于社会发展的可持续目标和相应的管理策略是非常必要的[7]。④响应不确定性,即生态系统对于管理行为的响应具有不确定性。响应不确定性是由于人们对复杂生态系统的了解不完全,特别是对于生态系统功能和过程的认识不足所致。这些因素随时间而表现出的不规则变化,是生态系统管理取得成功的巨大障碍,减少这些不确定性就可以增加管理成功的机会。通过适应性管理,可以适应于生态系统的复杂性、人类对于生态系统认知的不完整性以及生态系统管理中普遍存在的不确定性,以实现生态系统管理的既定目标。

适应性生态系统管理提供了一个把科学有效地整合到生态系统管理中的途径,同时也提供了解决不确定性问题的可能。适应性生态系统管理有足够的弹性和适应能力,可以适应不断变化的生物物理环境和人类目标,因而适应性生态系统管理可能是不确定性和知识不断积累条件下唯一的合乎逻辑的方法,它在生态系统可持续管理中具有重要的地位。适应性管理是基于两个前提:①人类对于生态系统的理解是不完全的;②管理行为的生物物理响应具有很高的不确定性[8]。为了进行适应性生态系统管理,有几个方面需要仔细关注,包括如下三个关键点:①适应性管理关注的焦点是生态系统而不是管辖权,亦即适应性管理方法采用生态系统的边界而不是政策或行政的管理边界;②适应性管理关注的是种群或生态系统,而不是个体组织或项目;③适应性管理的时间尺度是生物学世代而不是商业周期、选举期或预算期[9]。适应性区域生态系统管理是以区域生态系统可持续性为目标,在不断探索、认识区域生态系统本身内在规律、干扰过程的基础上而采取的以提高实践能力与管理水平的系统过程。在以人为主导的区域生态系统中,它是以社会、经济、生态系统综合效用的最大化为目标。适应性区域生态系统管理的核心任务是对区域生态系统驱动因子的恢复力、适应及生态系统适应循环的辨识,并在此基础上提出管理模式与对策。

生态系统方法(Ecosystem Approach)这一理念最早由西方生态学家提出,在1995年召开的《生物多样性公约》(CBD)科学、技术咨询机构(SBSTTA)第一次会议上首次作为生态系统管理的一个基本行动框架而被接受,作为一个总体原则首次被提出[10]。2000年召开的CBD缔约国会议,制定了生态系统管理的12条基本原则和5项行动指南,明确了其科学内涵和实施办法体系[10]。生态系统方法是一种用可持续发展的理念,在各个时空尺度上对生态系统的所有组分进行综合管理的方法,其内涵大体分为5个方面[10]:①它是对生态系统组分的一种综合管理途径;②它是生态系统管理的一个方法论,人类及其文化的多样性是生态系统重要组成部分;③生态系统管理可能涉及多个时空尺度,具体管理时必须明确时空尺度;④生态系统过程通常是非线性的,表现出时滞性、不连续和不确定性;⑤生态系统方法的管理理念不排除其他合理的生态系统管理方法和保护措施。这一理念得到国际各方面的广泛关注[11],在生物资源可持续管理方面取得了显著成效[10]。

2.1.2 社会组织的适应性管理

管理学语境中的适应意味着组织要素与系统之间以及要素与要素之间的协调与和谐状态;当要素与要素且与系统相互适应时,系统就能实现协同进化;反之,则会造成系统的不稳定,甚至使之趋于瓦解。适应也是一个关系范畴,它强调要素之间、要素与系统之间关系的动态平衡;当要素之间或者要素与系统之间关系和谐,即相互适应时,系统就处于平和、稳定状态,因而,稳定性是一个非常显著的特征;当系统与要素不和谐或者相互无法适应时,就需要对要素进行必要的调整或者彻底的变革以使要素再次适应系统,否则系统的整体性危机就会发生。所以适应并不预示着亦步亦趋和简单被动的跟随,而是在适应中有创新,在创新中要适应[12]。

组织管理中的适应性问题主要表现在两个方面:一是发生于组织与外部环境之间,我们称之为组织外适应。外部环境主要是指外部经济环境、技术环境、社会环境,包括政治和法律环境。二是组织内部环境的适应性问题,称之为组织内适应。组织内环境主要是指组织的文化建设方面,包括组织价值观、组织制度以及组织形象。在组织文化建设中,价值观、制度与形象三者是相互制约,辩证统一的。在现实中,不同国家管理制度的多样性主要取决于文化上的差异性,千篇一律、放之四海而皆准的管理模式是不存在的。管理研究和管理实践需要有开放态度,简单地模仿只会造成管理上的更加混乱与管理效率的更加低下。适应性管理就是组织基于外部环境变更或内部诸要素和谐需要而进行的自主性调节活动。这意味着,管理是一个动态过程,组织是一个有机整体,管理者的核心职责不在于控制,而是要注重协调各种关系,管理的最高价值在于共济互生与追求和谐。适应性管理既是一种管理世界观,也是一种管理方法论,是管理世界观和管理方法论的辩证统一[12]。

适应性管理是针对机械组织管理的刚性特征,新兴的一种与知识经济紧密相连的管理理念与管理方法。一切类型的管理都存在着某种程度的适应性问题,但只有当适应性问题成为管理者关注的首要问题时,才可以称为适应性管理。一般而言,适应性管理的实施应具备这样一些条件:一是外部环境复杂多变,组织难以通过传统的理性主义决策模式对未来做出全面而精确的评估与预设;二是组织被嵌入了一个充满竞争的市场背景之中,排斥竞争的环境不需要适应性管理;三是组织员工的构成以知识型员工为主体,他们的需求具有明显的多元化倾向,追求个人发展和自我管理是知识型组织员工的最大乐趣;四是计算机技术在组织管理中得到了普遍推广,独享知识成了组织的核心竞争优势[12]。

管理的人性假设基础和管理思维必须发生转变,学习与创新应当成为当今管理的根本职能。首先是人性假设的转变:从"经济人""社会人""文化人"到"生态和谐人"[13-15]。不同的人性假设有不同的管理理念,不同的管理理念在管理实践中往往衍生出各具特色的管理原则、管理制度、管理准则和管理方法。其次是管理思维的转变:从线性思维到复杂性思维。复杂性思维是以非线性思维、整体性思维、关系思维、过程思维为主要特征的考察事物运动变化的方式[16-17]。适应性管理遵循复杂性思维方式,强调环境的复杂性增加了组织经营的风险,偶然的突发事件可能使经营业绩遭受重大损失,甚至使组织走向解体。适应性管理与复杂性思维是一致的,主要反映在整体性思维、关联性思维、动态性思维[18-20]。

为成功地管理现代组织,客观上要求管理者必须掌握能够揭示这种动态、复杂变化规律的更加先进的管理知识,以满足变革时代组织可持续发展的新要求。适应性管理反映了在当代复杂多变的社会条件下管理实践的普遍要求,体现了当今管理者和管理学家们的管理经验和管理智慧,作为一种全新的管理理念具有较强的生命力[12]。

2.1.3　工程建设风险评估管理

风险评估是资源管理科学的重要组成部分,为资源管理政策比较提供基础[21]。自然资源适应性管理往往需要在多个选项中做出选择,即管理存在大量的机会成本,管理决策具有极大的风险。适应性风险管理(Adaptive Risk Management)最早由 Wintle 等在森林适应性管理中提出[22],是在试验方案与方案执行之间增加风险评估环节,充分考虑风险源、风险可能结果以及发生概率,对管理中存在的风险进行预判,从而有利于确定更为科学的管理策略。适应性风险评估在推动适应性管理,尤其是说服不同的利益相关者参与适应性管理具有重要的作用[23]。未来适应性风险管理研究的重点是在适应性管理中引入风险评估程序,开展适应性风险管理,探索风险减缓机制[22]。

风险评估技术统筹考虑系统本身的复杂性、关联性和不确定性,对其存在的风险及相应后果进行分析,进而评价系统的安全状况,为安全管理提供可靠依据和科学指导[24]。在风险评估方面,曹云等[25]对系统风险评估的方法进行了总结,分析了现行各种评估方法的适用对象、范围及优缺点,提出并讨论了在评估过程中可能出现的技术问题。阮欣[26]提出了基于理论研究和方法研究组成的桥梁风险评估研究体系,明确了桥梁风险评估的研究思路和内容,提出了桥梁工程保险实务与精算方法体系。曾铁梅等[27]从工程勘察、设计、施工等多方面对建设期存在的风险进行了识别和分析,并采用风险等级矩阵评价方法对施工风险及残余风险进行了评价。陈龙[28]以工程应用为目标系统分析了盾构隧道工程施工期中可能存在的各种风险,并将风险分为直接费用损失、工期损失、耐久性损失以及环境影响四大部分进行了系统的分析研究。张永刚等[29]参照隧道与地下工程风险接受准则和风险等级标准采用信心指数法和层次分析法对渤海湾海底隧道工程在其施工期间的风险进行了评估。刘文等[30]利用迭代自组织数据分析算法(ISODATA)对收集到的57起事故和186个未遂事件报告结构化数据进行聚类分析,通过量化其相对风险可能性,发现始发—到达阶段地质条件复杂、洞口土体加固及降水不当是地铁盾构施工领域最危险的风险因素。王燕等[31]指出海底隧道施工期应从自然环境、人为施加作用、材料设备三方面进行风险的识别和控制。风险评估与分析的方法有多种,主要包括综合评价法、敏感性分析、风险树分析法、模糊综合评价法、层次分析法、故障树分析方法、蒙特卡罗法、德尔斐法、检查表法、流程图法、PERT(计划评审技术)、风险等级矩阵法等[32-33]。

2.1.4 适应性管理的模式解析

自20世纪中叶以来,追求人类与自然的协同进化与和谐共存,已经成为人类矢志不渝的理想,切实贯彻执行可持续发展战略已经成为全球人类共同奋斗的目标。面向生态文明的交通基础设施建设工程复杂系统的控制、管理与决策问题,需要从整体入手,加以部署和规划。交通基础设施建设工程安全环保的适应性管理机制研究是在前人研究的基础上,首先对普遍的管理控制模式,从管理过程角度,进行基础性理论分析,然后归纳出适应性管理的过程和理论依据,提出提高工程建设安全环保水平的相关管理机制。

一般常用于工程管理这种较小尺度上的管理手段主要有制定标准(法规)、设计规范、行政命令、市场调节、公众参与、经济杠杆、教育引导等。管理等级主要有微观、中观、宏观(不同管理级别对应不同管理要求)。管理时效主要有滞后、超前、及时,分别有不同的效果。常见的管理类别和效果主要有范围管理、区间管理、射线管理、极值点管理、切线管理、随机管理等。

对不同类别的管理模式进行理论分析,如数学分析,可以从机制上剖析和归纳适应性管理的实质,有助于深入理解其内涵,便于更好地应用于工程建设安全环保适应性管理的实践中。从理论上对几种常见的不同类别的管理模式进行数学分析,作出示意图,如图2-1~图2-7所示。

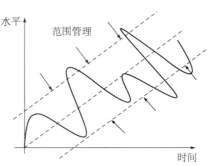

图2-1 范围控制式的系统管理手段示意图

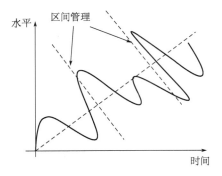

图 2-2 区间控制式的系统管理手段示意图

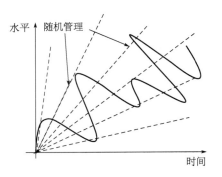

图 2-3 随机控制式的系统管理手段示意图

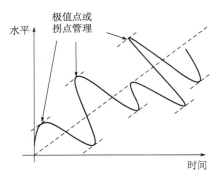

图 2-4 拐点控制式的系统管理手段示意图

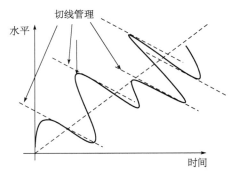

图 2-5 切线控制式的系统管理手段示意图

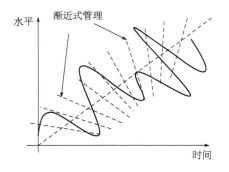

图 2-6 渐近式控制式的系统管理手段示意图

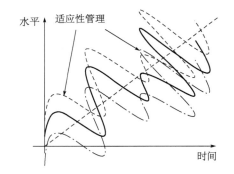

图 2-7 适应性控制式的系统管理手段示意图

通过对各类型管理效果的理论分析,可知适应性管理的内涵和效果,应是一种融合上述各种管理类型和效果的动态的针对性的管理,但其并非随机式管理,也是管理主体和管理对象之间互动的、进化式的管理,是整体管理与单项管理的综合。适应性管理并非与传统管理手段完全不同,而是强调管理的时机更加准确、管理的策略更加灵活、管理的方式更加有效。其管理手段仍然是利用各类管理手段,但更加强调管理过程的有机性、最优化以及管理目的可达性和有效性。适应性管理更强调,按照各个监控指标的时空变化规律及反映的问题,实施综合的、动态的、有效的管理。适应性管理的机制与传统管理不同,在于数学、经济学、管理学上理论分析的不同。

适应性管理的策略可从以下内容上优化:

(1)管理形式:管理手段的类型也包括直接控制和间接控制;

(2)管理等级:微观、中观、宏观(不同管理级别对应不同管理要素);

(3)管理时效:滞后、超前、同步,分别有不同效果;

(4)管理方式:范围管理、区间管理、渐近式管理、极值点或拐点管理、切线管理、随机管理等一切管理形式的综合或单项运用;

(5)管理机制:离散、具体、组合、优化、进化(动态);

(6)管理手段:制定标准(法规)、行政命令、市场调节(资源限制)、公众参与、经济杠杆、教育引导等。

不同的管理目标需要不同的管理形式、等级、方式、机制、过程、手段等,如教育引导手段,可针对恶劣趋势不明显或不需要立即控制的系统进行管理。

2.2 管理体系的发展进程

2.2.1 体系化管理的理念

体系泛指一定范围内或同类的事物按照一定的秩序和内部联系组合而成的整体,是不同系统组成的系统。自然界的体系遵循自然的法则,而人类社会的体系则要复杂得多。影响这个体系的因素除人性的自然发展之外,还有人类社会对自身认识的发展。管理体系是一个完整的系统理念在管理中的应用。由要素部分组成的一个系统化、程序化和文件化的管理体系,是一种系统的结构化的管理机制。管理体系的特点:①全员参与实现层层负责制的管理模式,体现员工与生产和社会的和谐;②全过程管理体现横向到边、纵向到底,体现过程控制、系统管理,人工、机械、材料、工法、环境有机结合的生产或服务全过程管理;③程序化、规范化的科学管理方法体现技术完整、设备设施本质安全、人员与相应法律法规的融合;④持续改进的管理。

"一体化管理体系"(Integrated Management System,又被称为"综合管理体系""整合型管理体系"等)就是指两个或三个管理体系并存,将公共要素整合在一起,两个或三个体系在统一的管理构架下运行的模式。一般情况下,一体化管理是指组织将 ISO 9000 标准、ISO 14000 标准、OHSAS 18000 标准三位合一[34-38]。一体化管理通过对不同体系的类似管理过程进行整合优化以及相互的补充完善,给企业管理带来了积极成效,提高了管理效率。但是,站在企业整体的角度,这种"两标"或"三标"的一体化管理,也仅仅是企业管理中部分专业管理体系的一体化,所以在管理的实践中还是显现出了不足。这种整合解决的仍然只是专业管理体系标准之间的矛盾和重复,仍未从根本上实现管理系统优化、建立最佳秩序、解决企业整体绩效的问题;而且,随着世界经济一体化、科学管理不断发展,国际、国内规范性的各项专业管理新标准持续推出,这种"两标"或"三标"的一体化管理已经不能适应形势发展需要,现在最新推出的是集约型一体化管理体系,虽然都有"一体化管理"叫法,但其内涵和外延与"两标"或"三标"的一体化管理有原则性区别,它能够融合企业或组织所适用的所有国家标准,但整合的方式方法有相似之处。

集约型一体化管理体系是从实现企业整体目标出发,运用系统论、控制论、信息论的基本观点,借鉴建立运行质量管理体系的基本方法,来探讨建立一个能够满足企业适用的法律法规和各项专业标准要求并覆盖企业整体、实现企业管理系统整体优化的方法和途径,以期使企业的经济责任目标与社会责任目标和政治责任目标相辅相成,使一个企业包括行政工作在内的各个子系统,连同质量、环境、职业健康安全、测量等专业管理体系有机地融合成为一个整体,从而在一个企业内形成用一套制度文本支持全方位管理、使用共有要素并能够有效运行的单一集约化的管理体系。

自1996年以来,综合管理体系(IMS)一词在各种管理类文章中被越来越多地引用,如Tranmer J·的《解决一体化管理体系中存在的问题》和Wilkinson的《质量、环境、职业健康和安全一体化管理体系:几个关键问题的考查》等。这些文章从不同的方面对一体化管理体系的现状及发展进行了细致的描述。企业的经营活动涉及质量管理、环境的管理、职业安全卫生的管理、燃料管理、营销管理等方方面面,单纯采用一种管理模式必然难以满足客观需要。如果企业因为社会潮流和客户要求,一次次地建立独立的不同体系,会带来很多重复性的工作,会造成资源的浪费,不仅贯标的实际效果可能被忽视,而且也会影响企业综合管理水平和经济效益的提高。一体化管理已得到社会各界全方位的认可,管理体系在各行业得到应用,尤为突出的是质量管理体系与环境管理体系、职业健康安全管理体系与专业技术的结合。

2.2.2 环境管理体系的发展

20世纪中期爆发于一些发达国家的公害事件,使人类开始认识到环境问题的严重性。这些事件的产生使人们从治理污染的过程中逐步认识到,要有效地保护环境,人类社会必须对自身的经济发展行为加强管理。因此世界各国纷纷制定各类法律法规和环境标准,并试图通过诸如许可证等手段强制企业执行这些法律法规和标准来改善环境。1972年,联合国在瑞典斯德哥尔摩召开了人类环境大会,成立了一个独立的委员会,即"世界环境与发展委员会",承担重新评估环境与发展关系的调查研究任务,于1987年出版了"我们共同未来"的报告,首次引入了"持续发展"的观念,敦促工业界建立有效的环境管理体系。这份报告一经颁布即得到了50多个国家领导的支持,他们联合呼吁召开世界性会议专题讨论和制定行动纲领。

从20世纪80年代起,美国和西欧的一些公司为了响应持续发展的号召,减少污染,提高在公众中的形象以获得商品经营支持,开始建立各自的环境管理模式,这是环境管理体系的雏形。1985 年荷兰率先提出建立企业环境管理体系的框架,于 1988 年试行,在 1990 年实行标准化和许可证制度。1990 年欧盟在慕尼黑的环境圆桌会议上专门讨论了环境审核问题。英国也在质量体系标准(BS 750)基础上,制定 BS 7750 环境管理体系。英国的 BS 7750 和欧盟的环境审核实施后,欧洲的许多国家纷纷开展认证活动,由第三方证明企业的环境绩效。这些实践活动奠定了 ISO 14000 系列标准产生的基础。1992 年在巴西里约热内卢召开"环境与发展"大会,183 个国家和 70 多个国际组织出席会议,通过了"21 世纪议程"等文件。这次大会的召开,标志全球谋求可持续发展的时代开始了。各国政府领导、科学家和公众认识到要实现可持续发展的目标,就必须改变工业污染控制的战略,从加强环境管理入手,建立污染预防(清洁生产)的新观念。通过企业的"自我决策、自我管理"方式,把环境管理融于企业全面管理之中。

国际标准化组织(ISO)于 1993 年 6 月成立了 ISO/TC 207 环境管理技术委员会,正式开展环境管理系列标准的制定工作,规范企业和社会团体等所有组织的活动、产品和服务的环境行为,支持全球的环境保护工作。ISO 14000 是国际标准化组织(ISO)第 207 技术委员会(TC 207)从 1993 年开始制定的一系列环境管理国际标准,内容包括环境管理体系(EMC)ISO 14001、标准 14004~14009;(EA)环境审核 14010~14019、(EL)环境标志 14020~14029、(EPE)环境行为评价 14030~14039、(LCA)生命周期评估 14040~14049、(T&D)术语和定义 14050~14059、产品标准中的环境指标 14060、备用 14061~14100 等。ISO 14001 标准是环境管理体系的组成部分,是 ISO 14000 系列标准的龙头标准,也是唯一公认使用的标准,1996 年 9 月 1 日正式颁布。至今,全球已有 22 000 多家组织获得了 ISO 14001 标准认证。包括制定、实施、实现、评审和维护环境方针所需的组织结构、策划、活动、职责、操作惯例、程序、过程和资源[39]。

ISO 14000 系列标准分为三类,第一类:基础标准——术语标准;第二类:基础标准——环境管理体系、规范、原则、应用指南;第三类:支持技术类标准(工具),包括环境审核、环境标志、环境行为评价、生命周期评估。ISO 14000 系列标准如按功能可以分为两类:第一类,评价组织,包括环境管理体系、环境行为评价、环境审核;第二类,评价产品,包括生命周期评估、环境标志、产品标准中的环境指标。客观上 ISO 14000 系列标准统一了环境管理体系的基本要求。ISO 14001、ISO 14010~14014 被列入现有的美国环境法规条文中,由此美国一些大的跨国公司已迅速制定 ISO 14000 认证计划;澳大利亚、新西兰、英国、瑞士、日本、印度和土耳其已经采用 ISO 14000 标准。欧盟制定一个中间性文件,以解释 ISO 14000 系列标准与欧盟的 EMAS 间的联系,它还将 ISO 14000 系列标准认可为欧盟标准。加拿大每一个城市都成立了推行 ISO 14000 办公室[39]。在亚洲,中国、日本、韩国、泰国、新加坡、马来西亚、印度尼西亚、菲律宾都已经实施 ISO 14001 标准。

ISO 14000 系列标准是解决环境执法问题的尺度,标准要求组织内部建立环境管理体系,必须符合所在国的环境法律、法规。发展中国家要摆脱其受控制的地位就必须迅速开展 ISO

14000 实施工作。建立 ISO 14000 的各类体系是全球环境保护的国际平台。事实上,环境问题在国际贸易中的地位日益明显,环境已与安全、卫生等方面的因素联结起来,形成了严重的技术贸易壁垒。这种壁垒是各国为保护其国内人民和国内市场而刻意制造的,是近期内难以消除的。

为了统一领导我国的 ISO 14000 各类体系的实施工作,国务院于 1997 年 4 月 21 日,以国办函〔1997〕27 号文件批准同意成立中国环境管理体系认证指导委员会,由国家环境保护、质量技术监督、商检等 33 个主管部门和单位的代表组成。其职能涵盖认可认证注册机构,从体制上和制度上为我国的 ISO 14000 认证工作提供保证,也为认证/注册的国际互认奠定基础,从而使体系认证工作做到"一套标准,一种制度和一种证书"。国内通过认证的区域和企业在不断上升,成为一个组织的必需行为。特别是污染排放影响较大的领域,已经将 ISO 14001 标准结合行业特点,制定了行业标准,极大地促进了环境保护绩效。中国石油天然气集团公司、中国石油化工集团公司已经取得很好的效果,水利和电力行业也已经在质量管理体系建设的同时考虑了环境管理。

2.2.3 职业健康安全管理体系的发展

职业健康安全(以下简称"OHS")是国际上通用的词语。其定义为:影响工作场所内员工(包括临时工、合同工)、外来人员和其他人员安全与健康的条件和因素。我国习惯上将 OHS 称为安全生产,通常指消除和控制生产经营全过程中的危险与危险源,保障职工在职业活动中的安全与健康。我国在《中华人民共和国宪法》中将保护劳动者的安全与健康称为"劳动保护",而在《中华人民共和国劳动法》中又称之为"劳动安全卫生"。

随着生产的发展,OHS 问题不断突出。据 ILO(国际劳工组织)统计,全球每年发生的各类伤亡事故大约为 2.5 亿起,这意味着每天发生 68.5 万起,每小时发生 2.8 万起,每分钟发生 475.6 起。全世界每年死于工作事故和职业病危害的人数约为 110 万人(其中约 25% 为职业病引起的死亡)。ILO 估计劳动疾病到 2020 年将翻一番。在这些工伤事故和职业危害中,发展中国家所占比例甚高,如中国、印度等,事故死亡率比发达国家高出 1 倍以上,比其他少数国家或地区高出 4 倍以上。面对严重的全球化 OHS 问题,人们在寻求有效的 OHS 管理方法,期待有一个系统化的、结构化的管理模式。组织职业健康、环境和安全管理的不到位是导致事故发生的重要原因。Johnson 等发现施工人员的抱有侥幸心理的操作行为容易导致安全事故的发生[40];Fredericks 等认为事故中伤亡人员可能没有正确地佩戴个人防护用品[41];英国职业健康安全管理局统计显示超过 50% 的工业事故是由管理不善、培训效果差或员工心理原因造成的[42];Lee 等发现安全管理水平受监督管理、培训教育等的影响[43]。

20 世纪 80 年代末开始,一些发达国家率先开展了研究及实施职业健康与安全管理体系的活动。据不完全统计,世界上已有 20 多个国家有相应的职业安全卫生管理体系标准,其国家内部有较为完整的标准系列、正规的培训机构及完善的国家认证制度,包括澳大利亚、加拿大、美国、法国、德国、日本、瑞士、瑞典等国。1998 年的第 14 届世界职业安全卫生年会建议,各成员组织参照 OHSMS 18001 和 APOSHO 1000(草案)开发本国的标准。为了适应全球日益增加的职业健康与安全认证需求,1999 年 3 月由全球数家最知名的标准制度研究、认证机构共同制定了"Occupational Health and Safety Assessment Series (OHSAS 18000)"(职业安全与卫生评价系列),现已颁布了"Occupational Health and Safety Management System OHSMS-Specification (OHSMS 18001)"(职业安全与卫生管理体系——计划书),成为目前国际社会普遍采用的职业健康与安全认证标准。国际劳工组织(ILO)也在开展职业安全卫生管理体系标准化工作,在 1999 年第 15 届世界职业安全卫生年会上,ILO 负责人表示将推行企业安全卫生评价和规范化的管理体系。我国质量监督检验检疫总局于是 2001 年颁布了 GB/T 28001—2001《OHS 管理体系 规范》,在全国范围内推行 OHS 标准。随着国际社会对 OHS 问题的日益关注,多个国家和国际组织都相继发展应用这一标准,使得 OHS 管理标准化成为继质量管理、环境管理之后又一个重要的管理标准化工作。

2.2.4 HSE 管理体系的应用

ISO 9001、ISO 14001 和 ISO 18001 标准在各国得到广泛认可与成功实施,考虑到质量管理、环境管理与职业健康安全管理的相关性,1996 年美国石油行业最先将职业健康安全和环境管理体系综合为一个健康安全环境管理体系,简称 HSE 管理体系,即 ISO/TC 67 的 SC6 分委会发布的 ISO/CD 14690《石油和天然气工业健康、安全与环境管理体系》[44]。1997 年 6 月中国石油天然气总公司和中国石油化工集团参照 ISO/CD 14690 制定了企业标准 SY/T 6276—1997《石油天然气工业健康、安全与环境管理体系》,形成了行业系统的 HSE 管理体系标准,自 1996 年经过改版又建立了 Q/SY 1002.1—2007 HSE 管理体系。中石油化工集团公司 2001 年建立了的 Q/SHS 0001.1—2001 HSE 管理体系。

HSE 管理体系能够预先分析风险,确定自身活动可能存在的安全危害和后果,并采取有效的防范措施[45]。但无论采取何种的管理制度或方法,严格意义上的"零风险"目标几乎不可能达到[46]。Saari 指出当系统安全达到一定程度后,只通过纯技术方法无法继续提高系统的安全水平[47]。HSE 体系在应用过程中也存在一定问题。如存在 HSE 体系与现有的安全环境管理存在一定的冲突和不相适应情况,及以人为本、可持续发展的理念落实不到位[48]。在资源配置方面,存在人力资源配置不足,培训不够等问题;在目标管理方面,一定程度上忽视了目标实现的过程管理,过于重视成果等[49]。这些问题需要在管理过程中不断发现,不断改进。

HSE 管理体系的持续改进理念起源于 2000 版的 ISO 9000 族标准。在 ISO 9000 族标准中,持续改进被作为质量管理的八大原则之一被提出,其中,ISO 9004—2000《质量管理体系业绩改进指南》是基于管理体系提出的持续改进的指南[50]。质量改进是对项目或过程进行改进,使其从一个旧的标准达到一个新的标准的活动。质量改进是为了解决"如何做"的问题,是主动、积极地对问题进行解决的过程[34]。持续改进是质量管理有效性的根本保证[51]。

一体化管理、缔造 HSE 文化和持续改进已经成为 HSE 管理的趋势,HSE 管理进入了从无意识到有意识和主动的过程。HSE 管理体系将系统的安全、职业健康、环境保护管理通过危险源识别、风险评价与控制整合,强调预防和持续改进,以减少 HSE 事故,提高组织的社会、经济效益,是三位一体管理体系[52]。持续改进的 HSE 管理模式具有五大特点:PDCA 运行模式、全员参与、事故和污染预防、监控机制和持续改进[53]。持续改进的 HSE 管理模式应遵循五项原则:成本最优、融于以质量管理体系为基础的综合管理体系、满足主要相关方利益、多层次改进和基于数据分析的改进[54]。持续改进包含两条基本途径,即突破性改进和渐进性改进[55]。

2.3 交通基础设施建设中的健康、安全、环境问题

2.3.1 健康问题

交通基础设施建设施工由于专业化分工造成人员流动性大、劳动力密集、多工种交叉、作业方法多样性、手工操作多、劳动强度大、露天高空作业、项目规模较大,受地理条件、地质情况、气候、自然灾害等影响较大,作业环境复杂多变、危险源多、影响面广等行业特点,使得建设过程安全事故频发。其特点概括为点多、面广、线长。主要表现在以下几个方面:

(1)使得从业人员生活规律不正常、风餐露宿、日照雨淋、身体健康受到侵害,过早衰老;

(2)建筑材料本身带有多种有害物质,从业人员长期从事手工作业,频繁接触有害物质,不同程度受到深层次的潜在的健康威胁;

(3)建设施工的机械作业人员,处于噪声和粉尘的环境中工作,健康受到危害;

(4)野外作业生活条件差,易引发食物中毒、传染疾病等。

2.3.2 安全问题

交通基础设施建设施工存在的主要安全问题和现象,表现为安全隐患,主要包括以下几个方面:

(1)法律法规标准体系不健全,安全技术规程修订不及时。我国目前已制定并颁布了《中华人民共和国安全生产法》《建设工程安全生产管理条例》等有关建筑安全的法律法规,各地交通主管部门也结合当地具体状况自行制定了符合本区域特点的工程施工安全管理细则。但目前有些交通基础设施建设过程法律法规标准体系不健全,内容不具体很难细化,操作性差,安全技术规程因主管部门修订或增补不及时造成延误,对安全管理有不良的阻碍作用。

(2)企业管理人员安全意识淡薄,从业人员安全知识贫乏,特种岗位人员持证率低。目

前,许多施工单位的领导对安全生产政策、法规认识不足,在进度、质量、效益与安全发生矛盾时,往往是安全让步,没有把安全当大事抓;有些专(兼)职安全管理人员安全素质差,对规范、标准不熟悉,对安全操作规程掌握少,对安全隐患视而不见;现场施工一线从业人员大量从农民工转化而来,缺乏交通行业工程建设施工系统知识和经验,未经认真培训就上岗,对安全操作知识了解也非常肤浅、不系统,缺乏自身安全保护知识,对不良行为自控能力较差,习惯性违章严重,人员流动性大,缺乏一系列的安保知识的教育和安保制度的约束,容易造成这类群体中安全事故的发生;施工工地大多在野外,远离城市,缺乏安全部门监管,造成特种岗位人员持证率偏低。

(3)分包管理漏洞较多,以包代管、违法转包和层层分包现象严重。交通基础设施工程存在着大量分包情况,主承包单位往往仅派几名管理和技术人员到现场配合管理,以包代管现象严重。分包单位人员配备本身不足,技术参差不齐,综合素质较低,分管安全的专业人员更是少之又少,使得分包情况难以在施工期间建立和落实企业责任制,更有甚者对公路工程进行违法转包或层层分包,对工程质量和安全管理产生了较大影响。

(4)安全技术标准、检查内容及措施方面不统一、不规范。工程施工所编制的安全施工组织设计,没有相应的行业安全技术标准做基础,造成施工单位所编制的专项安全施工组织设计,不具有针对性,只能作为分部分项工程开工前程序上要求上报的审批资料,无法正确指导施工;安全检查内容和标准各地交通主管部门自行编制,没有统一的标准和规范,造成安全管理的难度。

(5)安全资料整理、归档和表格使用不规范、不齐全。安全资料是相关部门了解施工现场安全生产状况的重要途径,严格把住安全资料管理关,就能够促进安全生产管理的规范化;检查资料时经常发现在技术交底、安全隐患检查表、班前讲话记录、安全教育培训试卷等存档资料中存在着很严重的代签名、漏签名的情况,假资料很多,许多资料只是简单复印,上面的"检查情况"栏中多是"符合要求,满足要求"等字样,千篇一律,结论表达模糊不清,无法正确判断;安全资料经常出现有头无尾、前后不对应等现象。

(6)安全教育培训和检查多流于形式。实行市场经济以来,工程施工企业为减少成本、实现利润最大化,对安全生产培训等不能直接带来经济利益的事务方面则尽可能压缩开支或根本不予考虑。有的虽然在规章制度上也做相关规定,但只是装点门面,不能转化为实际行动,即使搞一些培训,由于资金不到位,也只能流于形式,达不到应有的要求;安全教育不足以引起不遵守安全法规的不安全行为和不安全状态给本人和本企业带来的危害的严重性。平时的安全检查是为了检查而检查,标准低,做表面文章,在上级部门检查时,全员动员,补资料,布现场,临时整改,应付检查,检查人员一走又退回了原样;检查人员碍于情面,敷衍了事,走马观花,安全检查工作无法达到预期的目的。

(7)安全技术措施经费的投入严重不足。工程施工安全技术措施经费在工程量清单总则内单独列支,为不可竞争费用,占合同总价的1%;实行项目法施工后,项目经理在安全设施上舍不得投入,只求在近期取得好的经济效益,不顾长远,急功近利,心存侥幸,各施工项目部尽可能少提,应付检查,将应提取的安全经费计算为项目利润,导致安全设施设备、培训、宣传、科技创新等安全费用投入严重不足,事故隐患到处可见,发生率提高。

(8)安全检测仪器及装备的配备不能满足施工安全管理要求。随着工程施工科技含量的不断提高,原有靠眼观、鼻闻、耳听、手摸等经验性的安全检查方法已不能适应施工现场的管理,有的安全隐患要通过检测设备测定后才能正确评价其安全性;但从实际来看,部分交通施工企业没有给专(兼)职安全管理人员配备最起码的检测仪器及装置,对事故隐患的发现就成了问题,更谈不上采取措施加以预防了。

(9)材料设备及施工工艺落后,防护设施不全,安全保护用品未按规定使用或质量不合格。机械设备操作人员不固定,操作不规范,重使用、轻保养,设备管理缺乏,对防护装置不使用或失灵不修复就使用,设备老化,继续使用报废的设备现象严重;使用落后或淘汰的施工工艺,防护设施不齐全、不规范,可靠性低;在施工现场没有按规范使用安保用品或者使用的安保用品质量低劣,对施工人员无法有效的安全保护。

(10)职业健康安全管理体系未能真正推行。工程施工企业多数已通过职业安全健康管理体系认证,但很少有单位按照体系规范的风险控制措施认真贯彻执行、积极组织学习、主动开展风险源辨识和风险评价工作,体系运行的资料多为应付内、外审核而拼凑的虚假资料。

2.3.3 环境问题

交通基础设施建设施工存在的主要环境问题为生态污染、水土流失、资源消耗及其他问题,主要包括以下几个方面:

(1)工程建设占地对生态环境的影响。以高速公路为例,20世纪80年代以来,我国进行了世界上规模最大的高速公路交通基础设施建设,实现了高速公路交通的跨越式发展。但与此同时,高速公路建设由于其线形技术标准要求高,建设中开挖填筑、架桥挖隧、取土弃土等都不可避免地会对周围生态环境造成影响。如廊道分割效应、水文影响、植被影响、野生动物影响、水土保持影响、土地资源影响,自然保护区影响等。高速公路建设也占用了大量耕地,穿越了湿地、林地、自然保护区、风景名胜区、饮用水源保护区等环境敏感区,加重了对生态环境土地资源的压力,高速公路作为人类生存和发展所必需的开发建设活动,会对周围环境产生直接或间接的影响。

(2)工程建设施工对水土保持的影响问题。交通基础设施建设过程中,以公路为例,由于开挖路堑、开凿隧道、取土填筑路堤等,对山坡及表土搅动较大,使周围植被遭到破坏,靠自然界自身的力量恢复边坡植被需3~5年,甚至更长的时间。若不及时恢复,在大雨条件下,极易引起侵蚀,产生局部水土流失。公路建设改变地表径流,成为沿线水土流失的另一原因。公路沿线桥梁、涵洞的新建和变更,将影响原有河道、沟渠的断面结构。公路建成后,取弃土场往往处于被放置的状态,成为公路沿线新增水土流失的源头之一,增加了水土流失的潜在风险。高速公路沿线水土流失敏感路段、区主要有:挖方地段、弃土石区、取土区和沿海、沿河路段。

(3)工程建设对土地利用的影响问题。土地是不可再生的资源,交通基础设施建设在促进社会经济发展的同时,也加重了土地资源的负担,因此交通基础设施建设与土地利用之间存在着复杂的双向互动关系。以公路建设为例,山区地势陡峻,受区域地形、地质、水文等条件限制,公路建设宜多建在地势较平缓的土地上,而这土地往往又多是优质农林用地,包括水田、旱地、果园、林地等。公路建设在建设期要比运行期对土地的影响要大。公路建设势必占用这些农林用地,造成耕地面积大量减少,森林覆盖率降低。造成土地利用结构发生变化,加剧人多地少的矛盾。

(4)对水环境的影响问题。交通基础设施建设对水资源的影响包括对地表水资源和地下水资源的影响。前者主要表现在对地表水体的水文条件产生影响,如弃渣侵占河道,沿河而建的公路,或跨越河流湖泊的桥梁都会影响河流的过水断面、流量及流速等水文条件,引起冲刷动能增大,加速河岸侵蚀,诱发洪水等不良灾害。有些公路建设还可使河流改道,池塘、湖泊、水库被毁,对地表水资源、水环境产生危害。公路建设工程对水环境的影响在施工期主要是水土流失对周围水环境的不利影响;施工营地的生活污水、粪便等的排放;桥梁施工扰动局部水体使河床泥沙悬浮以及钻孔泥浆、钻渣的跑漏;含油废水、机械漏油的排放等。在公路运营期,则主要是路面径流的排放及服务区生活污水的排放对水环境产生影响。

(5)对野生动、植物栖息地的影响问题。交通基础设施建设对动、植物的影响主要是工程行为和工程设施将改变和干扰动物的栖息环境。施工噪声将使一贯生活在宁静环境中的动物因噪声干扰而烦躁不安;局部地区树木、灌草的砍伐以及施工现场扬尘、有害气体对地表水、植被的污染,将可能导致动物因生存条件变化而迁移;有些公路设施将可能阻隔野生动物出没的通道和改变其活动范围等,这些均可影响其繁衍生息。由于高速公路每开凿一处山槽,所改变的植被面积是平原区的2~3倍,因此对森林植被破坏量较大。

(6)对大气环境的影响问题。交通基础设施建设施工期间的大气污染主要为扬尘污染。扬尘污染包括施工扬尘和运输车辆道路扬尘。在建设过程中,施工材料的运输、装卸、拌和过程有大量的粉尘散落到周围大气中,建筑材料堆放期间由于风吹会引起扬尘污染,尤其是在风速较大或装卸、汽车行驶速度较快的情况下,粉尘的污染更为严重。道路扬尘是施工期间的另一种扬尘,道路的起尘量与运输车辆的车速、载重量、轮胎与地面的接触面积、路面含尘量、相对湿度等因素有关,尤其道路施工中,材料运输车辆多行驶在土路便道上,路面含尘量很高,道路扬尘十分严重。此外,交通基础设施建设后的种种环境因素,致使城市空气恶化。

2.4 工程建设中健康、安全、环保管理的系统分析

2.4.1 管理需求的系统分析

运用系统工程学理论,工程分施工期、运营期两个阶段,系统辨识工程建设运营全过程的安全、环境问题,分析这些问题的影响因素,提出工程建设和运营中的安全和环境管理的需求和对策,构建安全与环保管理体系框架,分析过程见图2-8所示。

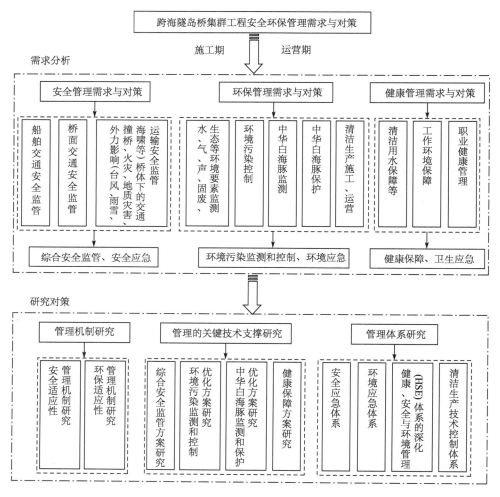

图 2-8 港珠澳大桥工程安全环保管理的需求与对策分析

随着 ISO 14001 认证和 ISO 18001 认证的迅速发展,企业可能需要应用多种管理体系,但是,由于 EMS、OHSMS 三个体系在管理目的、对象的特点不同,两个标准之间存在着较大的差异。EMS 服务于众多的相关方的需要和社会对环境保护不断发展的需要,OHSMS 服务于受职

业安全卫生条件影响的企业内部员工和外部来访者。两个体系自成系统,各司其职。加上多数的组织负责环境保护和安全卫生的一般不是一个部门,多数组织在实施体系时都采用了各自独立的体系,体系之间没有或很少有交叉,这种多体系和大量重复文件的情况导致企业管理效率降低,相同的工作重复,且难以控制和实施。

在管理体系的实施和运行中就会存在以下问题:

(1)一些组织为了满足不同标准认证的需要,不得不做重复劳动、重复内审、重复管理评审的现象,导致管理体系运行效率低下。

(2)由于认证审核不统一,企业为了获得两种证书,就得接受两种审核,有时可能是由2~3家认证机构进行的。这不但使企业的审核费、交通费和接待费用增加,而且还要耗去管理人员和员工的时间和精力。资源的浪费,人力、物力、财力的重复投入,将大大增加企业申请认证的费用,打击企业进行管理体系认证的积极性,阻碍认证工作的进展。

(3)依据不同的管理构架建立两个不同的管理体系,形成企业内部相互协调的工作量很大,也会出现质量、环境、安全卫生的管理部门从各自负责的专业范围和管理责任出发,出现争资源、政令不统一、信息不能共享、甚至互相排斥的情况。

2.4.2 管理对策的系统分析

工程建设施工中存在的健康、安全、环境问题分析归类,对以下方面需要改进,包括:

(1)管理系统的健康安全环境信息资源不充分,人力资源的能力不足;

(2)健康安全环境管理意识从上到下没有深入人心,也就不能有健康安全环境的保护行为;

(3)整体工程建设施工活动约束条件不完备;

(4)作业人员缺少健康安全环境活动的相关知识和规范指导;

(5)对整体工程参与建设单位多,各自为战,缺少统一的协调沟通和互助;

(6)健康安全环境工程施工企业针对项目管理的目标缺乏责任感。

分析结论:通过对建设施工单位现状的深入调查、研究,有必要、有可能,全面落实HSE管理。必要性在于,建立和实施一体化管理体系是强化企业管理、增强竞争实力、适应国际认证发展大趋势、建立一致性管理基础、科学调配人力资源、优化组织管理结构、提高管理工作效率、降低成本、提高经济效益的需要,是组织生存和发展的需要;可行性在于,三个体系标准一致的基本原理,如留有接口、过程方式、预防为主、持续改进、PDCA循环,两个体系相同或相似的要素,体系的结构和运行模式基本相同,体现的管理原则相同,管理要求有很多相似之处,要求的管理手段和方法基本一致,标准已经兼容,要素结构流程完全一致,有国内外一些组织建立一体化管理体系的成功经验和模式。通过分析以工程项目为背景建立一个参建单位一体化的管理体系比参建单位各自独立建立运行体系有利有益。HSE体系化管理的全部要素功能,是完善和健全以上问题的最好对策。对应关系如表 2-1 所示。

改进需求和对策的对应关系 表 2-1

改进需求	对策
1. 管理系统的健康安全环境信息资源不充分,人力资源的能力不足	1.1 健全 HSE 法律法规及其他要求体系。 1.2 通过对分包方管理,严格控制市场准入的人员规定
2. 健康安全环境管理意识从上到下没有深入人心,也就不能有健康安全环境的保护行为。 3. 整体工程建设施工活动约束条件不完备	2. 推行第一责任人原则,落实有感领导、直线责任、属地管理。 3. 落实本质安全
4. 作业人员缺少健康安全环境活动的相关知识和规范指导	4. 分层次、分级别,将健康安全环境知识按照岗位规定任职条件。落实针对性和实用性的培训。制定培训矩阵
5. 对整体工程参与建设单位多,各自为战,缺少统一的协调沟通和互助	5. 以工程项目为背景,建立以业主/施工总承包方为主,基层单位为重要成员的 HSE 管理体系。实行统一指挥、统一领导、统一行动,层层负责
6. 健康安全环境工程施工企业针对项目管理的目标缺乏责任感	6. 以工程项目为背景,业主/施工总承包方建立 HSE 管理体系的整体方针目标,落实基础考核奖惩

2.4.3 体系化管理的思路

确定在策划和实施过程中严格遵守总体原则的基本思路:以管理体系原则为基础,立足企业管理现状,综合考虑健康安全环境管理体系的结构和内容,以活动和过程方法为依据,建立健康安全环境一体化的管理模式;采取共性兼容、个性互补的原则,有机整合健康安全环境管理体系标准的要求,保证对所有要求的有效控制,对内满足建立一体化的综合管理体系的需求,对外可以适应和满足不同类型认证和审核的要求,且具有广泛的适用性,为今后其他管理标准导入体系打下良好的基础。

HSE 管理体系化整合的基本原则是:遵守管理体系的运行模式、管理原则、理论基础。在整合中应考虑以下方面:

(1)管理对象相同、管理要求基本一致的内容要进行整合;

(2)一体化管理要求以企业现有的资源和健康安全环境管理体系为基础,覆盖 ISO 14001、ISOS 18001 的内容,就高不就低,以标准中的最高要求为准;

(3)一体化管理体系文件应具有可操作性,不能在一个文件中完全整合的应引出下一层次文件;

(4)一体化整合应有利于减少文件数量,有利于统一协调体系的策划、运行与监测,实现资源共享;有利于提高管理效率,降低管理成本;

(5)运用思路分析确定一体化整合的内容;

(6)过程方法在管理体系一体化整合中的全面应用。

一体化管理体系的共有要求包括:方针及目标、职责权限、文件控制、法律法规及其他要求、资料档案记录控制、内外交流沟通与协商、能力意识和培训、设备机具管理、工作环境、健康管理、安全管理、检查与监测、合规性评价、不符合确定、纠正预防措施、事故处理、预案与响应、内部审核、管理评审等。今后考虑其他要求的体系化整合主要是指:以 ISO 9001 标准第 7 章"产品实现"为基础的整合,涉及 QMS(质量管理体系,Quality Management System)与 HSE(EMS 或 OHSMS)的整合。

第 3 章 交通基础设施建设风险源辨识和系统分析

交通基础设施工程建设安全生产有较大的特殊性,其建设施工由于专业化分工造成人员流动性大、劳动力密集、多工种交叉、作业方法多样,且手工操作多、劳动强度大、露天高空作业、项目公里数较长,受地理条件、地质情况、气候、自然灾害等影响较大,作业环境复杂多变、危险源多、影响面广等行业特点,使得建设过程安全事故频发。交通基础工程建设特点可概括为点多、面广、线长。建设工程发生安全事故,其影响往往较大,会直接导致人员伤亡或财产损失,给广大群众带来巨大灾难,重大安全事故甚至会导致群死群伤或巨大财产损失。风险源辨识和评估分析统筹考虑工程建设系统的复杂性、关联性和不确定性,对其存在的风险及相应发生后果进行分析,进而评价系统的安全状况,为安全管理提供可靠依据和科学指导。

3.1 危险源辨识与风险评价

交通基础设施建设工程施工的危险来源于以下活动:

(1)爆破工程。爆破作业环境不符合安全规程要求,作业人员不符合上岗要求,爆破区域未设置警示标志和隔离设施,作业操作未按照要求进行,爆破器材运输、管理不符合安全规程。

(2)高边坡工程。施工前未进行边坡稳定性调查,施工中未进行监测,开挖与运输作业面相互影响,坡面存在危石,作业人员防护措施不到位,必要地段未设置防护支撑或隔离设施。

(3)水运工程施工。工期通常较长,施工环境恶劣,而且大多属于野外作业和水上作业,受地形、地质、气候影响极大,安全隐患多。水上作业施工时,常需要多工种交叉作业,施工船舶和大型起重机械较多,工作面狭窄,同时水运工程受台风、洪水、风暴潮、滑坡等自然灾害的影响更为突出,因此极易引发物体打击、车辆伤害、机械伤害、起重伤害、触电、淹溺等重大人身伤亡和财产损失事故。近年来,随着船舶向大型化发展,水运工程向深水、远离岸线区域转移,专业化码头越来越多,改扩建码头工程和危险货物码头工程亦越来越多,内河航运枢纽工程比例逐步上升,工程难度和施工环境发生了质的变化,施工建设过程中的工程安全问题更显突出。因此,水运工程施工危险源辨识具有点多、面广、影响因素复杂、辨识不易,以及容易发生人员和财产重特大伤亡及损失的事故。

(4)基坑支护与降水工程。开挖深度超过5m(含5m)的基坑(槽)或地下室二层以上(含二层),并采用支护结构施工的工程;或基坑开挖深度虽未超过5m,但地质条件和周围环境复杂、地下水位在坑底以上、地下管线极其复杂等工程,易发生坍塌、溺水等重大人身伤亡事故。

(5)土方开挖工程:开挖深度超过5m(含5m)的基坑、基槽的施工。

(6)地下暗挖工程:地下暗挖工程及遇有溶洞、暗河、瓦斯、岩爆、涌泥、断层等复杂地质条件的隧道工程。

(7)模板工程。各类工具式模板工程包括滑模、爬模、大模板等;水平混凝土构件模板支撑系统及特殊结构模板工程。水平混凝土构件模板支撑系统高度超过8m,或跨度超过18m,施工总荷载大于$10kN/m^2$,或集中线荷载大于15kN/m的模板支撑系统。

(8)脚手架工程。①高度超过24m的落地式钢管脚手架;②附着式升降脚手架,包括整体提升与分片式提升;③悬挑式脚手架;④门形脚手架;⑤挂脚手架;⑥吊篮脚手架;⑦卸料平台。

(9)起重吊装工程。物料提升机安装、塔吊安装、起重吊装作业、电梯施工安装。

(10)拆除、爆破工程。采用人工、机械拆除或爆破拆除的工程。

(11)其他危险性较大的工程。①建筑幕墙的安装施工;②预应力结构张拉施工;③隧道工程施工;④桥梁工程施工(含架桥);⑤特种设备施工;⑥网架和索膜结构施工;⑦6m以上的边坡施工或者高度虽不足6m但地质条件复杂的高大边坡;⑧大江、大河的导流、截流施工;⑨港口工程、航道工程;⑩采用新技术、新工艺、新材料,可能影响建设工程质量安全,已经行政许可,尚无技术标准工程的施工。

(12)30m及以上高空作业的工程。个人防护不符合安全规定,恶劣气候条件下作业。

(13)大江、大河中深水作业的工程。个人防护不符合安全规定,施工方案有缺陷,违规作业。

(14)城市房屋拆除爆破和其他土石方爆破工程。爆破施工作业,炸药储运。

(15)临边工程。临边工程无防护、无标识。

(16)装饰装修、油料存放。疏于消防管理。

(17)其他专业性强、工艺复杂、危险性大、交叉作业等易发生重大事故的施工部位及危险作业活动,如施工用电作业、电气焊作业、手持电动工具作业、木工机械作业、打桩作业、钢筋作业、混凝土作业等。

通过对各类型施工的现状进行调查分析,重大危险源包括多个方面,具体见表3-1和图3-1。

重大危险源辨析 表3-1

分 类	方 面	举例和解释
一类危险源 (根源)	1. 能量	如机械能(动能和势能)、热能、电能、化学能、原子能、辐射能、声能、生物能等
	2. 危险物质	如苯、甲苯、二甲苯、苯乙烯,喷漆作业除经常接触到苯、苯系物外还可接触到醋酸乙酯、氨类、甲苯二氰酸等
二类危险源 (状态)(4M)	1. 物的故障	如电气设备绝缘损坏、保护装置失效、控制系统失灵、泄压安全装置故障、管道阀门破裂、通风装置故障、超载限值或起升安全装置失效、围栏缺损、安全带及安全网质量低劣等

续上表

分类	方面	举例和解释
二类危险源（状态）(4M)	2.人的失误	如设计不合理、设备缺陷、指挥失误、操作失误、未穿戴劳保防护、未见警示标志等
	3.管理缺陷	计划、制度、组织、协调、监督、检查等管理工作上的缺陷
	4.环境不良	施工作业环境不良会引起设备故障或人员失误，是发生失控的间接因素。野外作业会遇到动物的袭击、有毒植物的伤害
九个方面辨识	1.厂址	厂址的地质地形、自然灾害、居民分布、周围环境、自然气象、地质灾害、风俗民情、水文水质、交通资源、抢险救治等
	2.平面布局	功能分区布置、危险品设施布置、工艺流程布置、建筑物、构筑物布置、风向、安全距离、卫生防护距离、运输线路及码头等
	3.基础设施	建(构)筑物的结构、防火、防爆、朝向、采光、运输、通道、开门；应急、消防、急救、逃生、劳保、警示、防护、监视、报警设备设施等；生活服务配套设施和服务
	4.作业环境	野外作业、露天作业、毒物、粉尘、噪声、振动、辐射、高低温、通风不良、照明不良、空间狭窄、地面湿滑、烟雾弥漫、色彩干扰等，以及野外作业可能存在的大风、大雾、雷电、雨雪等不良天气
	5.生产工艺	潜水作业、焊接作业、水上作业、有限空间作业、爆破作业、高处作业、吊装作业、混凝土作业、打桩作业等高风险作业及控制条件，事故及失控状态
	6.物料性质	主要包括爆炸品、压缩气体和液化气体、易燃液体、易燃固体、自燃物品和遇湿易燃物品、氧化剂和有机过氧化物、有毒品和腐蚀品等危险化学品的MSDS(化学品安全说明书)和急救与防护措施
	7.设施设备	特种设备：大型塔吊设备、移动吊、龙门吊、吊篮、电梯及提升装置误操作；大型运输设备：各种设备的操作、检修和故障、失误时的紧急异常情况；机械设备：运动零部件和工件、操作条件、检修作业、误运转和误操作；电气设备：断电、触电、火灾、爆炸、误运转和误操作，静电、雷电；危险性较大设备、高处作业设备、特殊单体设备、装置：锅炉房、乙炔站、氧气站、油库、危险品库、手持电动工具等的不合规操作
	8.人员活动	各项有计划的日常工作，如设计开发、加工制造、采购供应、仓储运输、后勤保障等，以及可能开展的临时性活动，如开、停工，搬迁，维护检修，应急等。临时访问者、供方、运输方、合同方、承包方等其他所有相关方人员的活动
	9.管理制度	安全管理制度，如负责制度、审批制度、许可制度、出入厂制度等；职业健康管理制度，如工时制度、休假制度、女员工劳动保护制度、劳保用品管理制度、体力劳动强度管理制度；各类体系文件、操作规程、应急计划等

将可能发生的事故及伤害可归纳为：火灾、爆炸、坠落、坍塌、淹溺、物体打击、机械伤害、中毒、触电、火灾、火药爆炸、车辆伤害、硅肺、水泥尘肺、光敏性皮炎、黑边病、痤疮、灼烫、眼病、化学爆炸、窒息、高空坠落、物理性爆炸、振动、噪声、传染病、砍伤、摔伤、砸伤、碰伤。

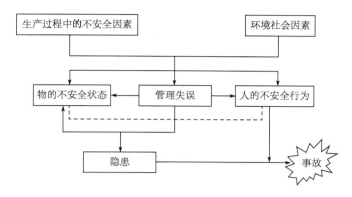

图 3-1 事故发生过程辨析

3.2 环境因素识别与影响评价

交通基础设施建设施工的环境因素产生在运营期和施工期,主要是存在于施工期的以下活动:

(1)在施工建设中,工程本身占用土地,为修建工程而建设的大型临时设施、临时房屋等也占用很多土地,破坏地表植被,容易造成水土流失和水体污染;施工过程中机械化操作以及施工人员践踏等又会给植被带来损害。

(2)由于取土填筑路堤、开凿隧道等,使周围植被遭到破坏,若恢复不及时,在暴雨条件下,极易引起侵蚀,产生局部水土流失。

(3)运输土石方及其他建筑材料的载货汽车行驶所产生的噪声,各种施工机械工作时所产生的噪声严重影响周边居民的生产生活,影响生物的正常生息。

(4)挖坑填埋、渣土运输,由于道路凹凸不平或装运过饱满等原因造成的道路扬尘,对空气造成的污染等。

(5)施工工地装卸、堆放材料及施工过程中由于地面干燥松散由吹风所引起的风扬灰尘。

(6)建筑施工材料本身的污染,包括放射性污染及有害物质挥发等。

(7)降水施工的废水排放。

(8)大量的电力能源消耗;土、沙、石、钢、木等资源的消耗。

(9)施工期产生大量的建筑废料及其混合物垃圾。

(10)工程建设对野生动物的影响,主要表现在对动物栖息地生态环境的破坏,封闭的带状构筑物对动物迁徙的阻隔影响,这些都影响到路域的生态平衡。

(11)工地试验室废物性质比较复杂,含有酸、碱、易燃性和放射性,污染土体。环境因素的识别和影响分析见表 3-2。

环境因素的识别和影响分析　　　　　　　　　　　　　　　表 3-2

八个方面	大气排放	涉及点源排放和无组织排放的各类污染因子
	水体排放	生活废水与工业废水各类污染因子的产生与排放，对天然水体的污染与破坏
	废物管理	建筑垃圾、工业废物，特别是危险物和有害废物的产生、堆放与处理；生活、办公废物的产生与排出
	土体污染	各类化学物质、有害废物、重金属物质等对土体的污染，污染物质的积累和进一步扩散加大对土地的占用和景观的破坏
	原材料、自然资源使用	各类建筑材料和自然资源等的使用、消耗和浪费
	能源使用	水、电、气、汽、油、煤等各类能源的使用、消耗和浪费
	对社区和周边环境的影响	当地社区和周边环境的影响大体包括噪声、灰尘、振动、恶臭、光污染和景观破坏，也包括对文化遗产的影响等
	其他环境问题	能量释放通常包括光、热、辐射、振动、噪声等； 所用材料或生产产品自身物理性能方面对环境可能造成的影响，如由于大小、形状、颜色、外观的不同所造成的环境影响； 此外，和野生环境及生物多样性有关的因素也应加以考虑

3.3　影响健康的有害因素识别

交通基础设施工程建设发生的危险源和环境因素，客观上严重影响人员的健康。根据施工现场的具体情况确定的职业危害为六大类：

（1）生产性粉尘的危害为，在建筑施工作业过程中，材料的搬运使用、石材的加工、建筑物的拆除，均会产生大量的矿物性粉尘，长期吸入这样的粉尘可引发硅肺病。

（2）辐射的危害为，在建筑物地下室施工时由于作业空间相对密闭、狭窄，通风不畅，特别是在这种作业环境内进行焊接或切割作业，耗氧量极大，又因缺氧导致燃烧不充分，产生大量一氧化碳，从而造成施工人员缺氧窒息和一氧化碳中毒。

（3）有毒物品的危害为，建筑施工过程中常接触到多种有机溶剂，如防水施工中常常接触到苯、甲苯、二甲苯、苯乙烯，喷漆作业常常接触到苯、苯系物外还可接触到醋酸乙酯、氨类、甲苯二氰酸等，这些有机溶剂的沸点低、极易挥发，在使用过程中挥发到空气中的浓度可以达到很高，极易发生急性中毒和中毒死亡事故。有毒物品的危害还包括施工营地在野外环境中，面临危险生物侵害和传染病危害。

（4）焊接作业产生的金属烟雾危害为，在焊接作业时可产生多种有害烟雾物质，如电气焊时使用锰焊条，除可以产生锰尘外，还可以产生锰烟、氟化物、臭氧及一氧化碳，长期吸入可导致电气工人尘肺及慢性中毒。

（5）生产性噪声和局部震动危害为，建筑行业施工中使用的机械工具如钻孔机、电锯、振捣器及一些动力机械都可以产生较强的噪声和局部的震动，长期接触噪声可损害职工的听力，严重时可造成噪声性耳聋,长期接触震动会损害手的功能,严重时会导致局部震动病。

(6)高温作业危害为,长期的高温作业可引起人体水电解质紊乱,损害中枢神经系统,可造成人体虚脱、昏迷甚至休克,易造成意外事故。

3.4 交通行业职业健康安全环保一体化管理的必要性

3.4.1 交通基础设施建设施工中的风险

3.4.1.1 施工类型和特点

交通运输领域基础设施建设的类型和特点[56]分析见表3-3。

建设的类型和特点　　　　　表3-3

施 工 类 型	施 工 特 点
交通运输领域基础设施种类较多,有道路、桥梁、隧道、涵洞、岛屿、港口交通枢纽、综合工程、辅助工程等	由于存在以下特点,难以控制施工过程带来的风险: ①有很强的单项性、社会性和多样性; ②建设周期长、占用资金多; ③施工条件恶劣,风险源接触较为频繁; ④作业环节多、工序复杂,涉及面广,综合性强;各类新技术、新结构、新材料、新工艺大量采用; ⑤多工种露天立体交叉作业,受建设场地自然条件影响大,可变因素多,有不可预见性且可控性较差; ⑥存在多种专业承包、劳务分包和外委试验等外包过程;各种所有制,不同等级的施工队伍大批进入建筑市场,造成施工企业安全管理水平参差不齐; ⑦建设过程对质量、环境、职业健康安全管理要求高; ⑧工程建设涉及的国家及地方政府法律法规、规章多,法律法规性强; ⑨施工人员素质相对较低; ⑩涉及的行业主管部门多等

3.4.1.2 建设施工过程的风险源

汇总各种类型的道路、桥梁、隧道、涵洞、岛屿、港口、交通枢纽、综合工程、辅助工程等施工过程可能发生的风险源,覆盖 GB/T 13861—2009《生产过程危险和风险源分类代码》中的全部项目,并增加了境外工程的公共安全[56],将风险源分为5类,见表3-4。

各类工程建设因素导致的风险根源　　　　　表3-4

类　　别	导致风险的根源
1. 人的因素	(1)心理、生理性危险和有害因素 负荷超限;从事禁忌作业;心理异常;情绪异常;感知延迟;其他心理、生理性危险和有害因素。 (2)行为性危险和有害因素 指挥错误;操作错误;监护失误;其他行为性危险和有害因素
2. 物的因素	(1)物理性危险和有害因素 设备、设施、工具、附件缺陷;防护缺陷;电伤害;噪声;振动危害;非电离辐射;运动物伤害;明火;高温物体;低温物体;信号缺陷;标志缺陷;有害光照;其他物理性危险和有害因素

续上表

类别	导致风险的根源
2. 物的因素	(2)化学性危险和有害因素 爆炸品;压缩气体和液化气体;易燃液体;易燃固体、自然物品和遇湿易燃物品;氧化剂和有机过氧化物;有毒品;放射性物品;腐蚀品;粉尘与气溶胶;其他化学性危险和有害因素。 (3)生物性危险和有害因素 致病微生物;传染病媒介物;致害动物;致害植物;其他生物性危险和有害因素
3. 环境因素	(1)室内作业场所环境不良 室内地面滑;室内作业场所狭窄;室内作业场所杂乱;室内地面不平;室内梯架缺陷;地面、墙和天花板上的开口缺陷;房屋地基下沉;室内安全通道缺陷;房屋安全出口缺陷;采光照明不良;作业场所空气不良;室内温度、湿度、气压不适;室内给、排水设施不良;室内涌水;其他室内作业场所环境不良。 (2)室外作业场地环境不良 恶劣气候与环境;作业场地和交通设施湿滑;作业场地狭窄;作业场地杂乱;作业场地不平;航道狭窄、有暗礁或险滩;脚手架、阶梯和活动梯架缺陷;地面开口缺陷;建筑物和其他结构缺陷;门和围栏缺陷;作业场地基础下沉;作业场地安全通道缺陷;作业场地安全出口缺陷;作业场地光照不良;作业场地空气不良;作业场地温度、湿度、气压不适;作业场地涌水;其他室外作业场地环境不良。 (4)地下(含水下)作业环境不良 隧道顶面缺陷;隧道正面或侧壁缺陷;隧道地面缺陷;地下作业面空气不良;地下火;冲击地压;地下水;水下作业供氧不当;其他地下(含水下)作业环境不良。 (5)其他作业环境不良 强迫体位操作;综合性作业环境不良;以上未包括的其他作业环境不良。 (6)自然灾害 野外作业遇到地震、泥石流、滑坡、暴雨、洪汛、冰冻、雪灾、飓风、台风、海啸、雷电
4. 管理因素	(1)HSE 组织机构不健全; (2)HSE 责任制未落实; (3)HSE 管理规章制度不完善; (4)HSE 投入不足; (5)HSE 管理不完善; (6)其他管理因素缺陷
5. 公共安全 (不同国家的政治制度、经济体制、文化传统、社会治安、邻里关系等)	境外施工 (1)海外项目所在国家,遇到政局动荡、武装政变、军事冲突、宗教冲突、恐怖活动、武装袭击、绑架劫持、刑事犯罪、贩毒、基地组织活动、军火走私、海盗劫持等。 (2)出入境: 航空意外、失踪、被抢劫、被盗被窃、交通事故等

3.4.1.3 可能造成的员工伤害

在 GB/T 6441—1986《企业职工伤亡事故分类》21 类风险分析的基础上,增加自然灾害,列入第 22 类,公共安全造成的伤害,列入第 23 类。交通运输领域基础设施建设的员工伤害类别见表 3-5。

建设过程中员工伤害类别 表 3-5

序 号	类 别	序 号	类 别	序 号	类 别
1	物体打击	9	高处坠落	17	物理爆炸
2	车辆伤害	10	坍塌	18	其他爆炸
3	机械伤害	11	冒顶片帮	19	中毒和窒息
4	起重伤害	12	透水	20	虫害
5	触电	13	放炮	21	职业病
6	淹溺	14	疾病	22	自然灾害
7	灼伤	15	火药爆炸	23	其他伤害
8	火灾	16	化学品爆炸		

3.4.1.4 不安全状态和不安全行为在施工过程的表现

造成员工伤害的不安全状态和行为见表 3-6。

建设过程中不安全的状态和行为 表 3-6

员工伤害	不安全状态和不安全行为
1. 物体打击	指失控物体的重力或惯性力造成的人身伤害事故。适用于落下物、飞来物、滚石、崩块所造成的伤害。如砖头、工具从建筑物等高处落下，打桩、锤击造成物体飞溅等，都属于此类伤害。但不包括因爆炸、车辆、坍塌引起的物体打击
2. 车辆伤害	指由运动中的机动车辆引起的机械伤害事故。适用于机动车辆在行驶中的挤、压、坠落、撞车、物体倒塌或倾覆等事故，以及在行驶中上下车、搭乘矿车或移动车、车辆运输挂钩事故，跑车事故。不包括起重设备提升、牵引车辆和车辆停驶时发生的事故
3. 机械伤害	指由于运动或静止中的机械设备部件、工具、加工件直接与人体接触引起伤害的事故。适用于在使用、维修机械设备与工具引起的绞、夹、碾、剪、碰、割、戳、切等伤害。如工件或刀具飞出伤人，手或身体被卷入，手或其他部位被刀具碰伤，被转动的机构缠住等。不包括车辆、起重机械引起的机械伤害
4. 起重伤害	指从事起重作业时(包括起重机安装、检修、试验)引起的机械伤害事故。适用于各种起重作业中发生的脱钩砸人、钢丝绳断裂抽人、移动吊物撞人、钢丝绳绞人或滑车等伤害。同时包括起重设备在使用、安装过程中的倾翻事故及提升设备过卷等事故
5. 触电	指电流流经人体，造成生理伤害的事故。适用于触电、雷击伤害。如人体接触带电的设备金属外壳、裸露的临时线、漏电的手持电动工具，起重设备误触高压线或感应带电，雷击伤害，触电坠落等事故
6. 淹溺	指人落入水中，水侵入呼吸系统造成伤害的事故。用于船舶、排筏、设施在航行、停泊、作业时发生的落水事故。包括高处坠落淹溺，不包括矿山、井下透水淹溺
7. 灼烫	指因接触酸、碱、盐、有机物引起的内外化学灼伤，火焰烧伤、蒸气、热水或因火焰、高温、放射线引起的内外物理灼伤，导致皮肤及其他器官、组织损伤的事故。适用于烧伤、烫伤、化学灼伤、放射性皮肤损伤等伤害，不包括电烧伤以及火灾事故引起的烧伤
8. 火灾	是指造成人身伤亡的企业火灾事故。不包括非企业原因造成的火灾事故,如居民火灾蔓延到企业的事故
9. 高处坠落	指作业人员在工作面上失去平衡，在重力作用下坠落引起的伤害事故。适用于脚手架、平台、房顶、桥梁、山崖等高于地面的坠落，也适用于有地面踏空失足坠入洞、坑、沟、升降口、漏斗等情况。不包括触电坠落事故

续上表

员工伤害	不安全状态和不安全行为
10. 坍塌	指物体在外力或重力作用下,超过自身的强度极限或因结构稳定性破坏而造成的事故。适用于因设计或施工不合理而造成的倒塌,以及土方、岩石发生的塌陷事故。如建筑物倒塌,脚手架倒塌,挖掘沟、坑、洞时土石的塌方等事故。不适用于矿山冒顶片帮和车辆、起重机械、爆破引起的坍塌
11. 冒顶片帮	是指矿井工作面、巷道侧壁由于支护不当、压力过大造成的坍塌,称为片帮;顶板垮落称为冒顶;二者同时发生,称为冒顶片帮。适用于矿山、地下开采、掘进及其他坑道作业发生的坍塌事故
12. 透水	指水下施工或其他隧道坑道作业时,意外水源造成的伤亡事故。适用于含水岩层、地下含水带、溶洞、地面水域相通时,涌水成灾的事故,不适用于地面水害事故
13. 放炮	是指施工时,放炮作业造成的伤亡事故。适用于各种爆破作业。如隧道开山、修路、拆除建筑物等工程进行的放炮作业引起的伤亡事故
14. 疾病	通过各种途径传染以多种方式表现的各种传染疾病
15. 火药爆炸	指火药与炸药在生产、运输、储藏的过程中发生的爆炸事故。适用于火药与炸药在加工、配料、运输、储藏、使用过程中,由于振动、明火、摩擦、静电作用,或因炸药的热分解作用,发生的化学性爆炸事故
16. 化学爆炸	因物质本身起化学反应,产生大量气体和高温而发生的爆炸。(有些化学液体会沸腾)如可燃气体、液体蒸气和粉尘与空气(一定浓度的氧气)混合物的爆炸等。化学爆炸是消防工作中防止爆炸的重点。化学爆炸需要在爆炸极限内才会爆炸
17. 物理爆炸	指压力容器破裂引起的气体爆炸,包括容器内盛装的可燃性液化气,在容器破裂后,立即蒸发,与周围的空气混合形成爆炸性气体混合物,遇到火源时产生的化学爆炸,也称容器的二次爆炸
18. 其他爆炸	凡不属于上述爆炸的事故均列入其他爆炸
19. 中毒和窒息	中毒是指人接触有毒物质引起的人体急性中毒事故,如误食有毒食物,呼吸有毒气体;窒息是指因为氧气缺乏,发生突然晕倒,甚至死亡的事故,如涵洞、地下管道等不通风的地方工作,发生的伤害事故。两种现象合为一体,称为中毒和窒息事故
20. 虫害	包括两类:①如蚊、蝇、热带的害虫等传播病菌受到的伤害;②人员受到对害虫等杀伤因素的伤害(符合伤害)
21. 职业病	职业病是指劳动者在工作或者其他职业活动中,因接触粉尘、放射线和有毒、有害物质等职业危害因素而引起的疾病
22. 自然灾害	低温冰冻天气、地震、水灾、台风等
23. 其他伤害	凡不属于上述伤害的事故均称为其他事故。如公共安全造成的伤害

3.4.1.5 各类型施工过程中的环境因素和环境影响

汇总各种类型的道路、桥梁、隧道、涵洞、岛屿、港口、交通枢纽、综合工程、辅助工程等施工过程,可能发生的环境因素和环境影响见表3-7。

建设过程中环境因素和环境影响 表 3-7

类别	导致环境影响的根源 环境因素	对环境到来的影响 环境影响
自然环境	（1）大气环境 施工作业的粉尘排放、焊接和装修过程的有害气体排放、车辆船舶行驶有害气体排放、船舶运输排放的有害气体、化学试剂挥发	有害气体污染大气
	（2）水环境 施工地下水排放、清洗设备的废水排放、混凝土生产过程的废水排放、清洗试验容器和废试验液的排放、生活污水排放、船舶在港排放机舱含污染物质的废水（主要是石油类）等	有害废水污染水体和土壤
	（3）土壤环境 建筑施工垃圾的排放、生活垃圾的排放、办公垃圾的排放、厨余垃圾的排放、船舶垃圾等（以上垃圾分为有害和无害固体废弃物，可回收和不可回收废弃物）	有害废弃物污染土壤
	（4）地质环境 路基施工活动，隧道、涵洞施工活动等对地质环境的破坏	物质迁移和能量转换改变地质环境的化学成分和结构特征
	（5）生物环境 机械振动、物理化学扰动、生物迁移等对生态环境的破坏	（1）生态系统多样性丧失； （2）直接或通过食物链等多种方式引起生物死亡； （3）遗传多样性丧失； （4）敏感个体消失； （5）小种群的遗传多样性丧失
	（6）噪声 施工机械噪声、混凝土浇注的噪声等	环境污染
人工环境	物质的形态 地面施工等活动，破坏人工地表植物和建筑等	使其失去了原有的面貌
能源和资源消耗	（1）水 施工现场混凝土搅拌用水、养护用水、其他机械用水、设备清洗用水、试验用水、生活用水、卫生清洗用水、降尘用水、厨房用水、车辆用水、降温用水等的不合理使用	造成水源浪费
	（2）电 施工机械、照明、办公、生活、厨房、车辆等方面用电的不合理	造成电能源浪费
	（3）气（天然气、氧气、乙炔气、氟利昂气体） 施工焊接用气、生活用气、室内空调加气、厨房用气、医疗救助用气等不当	造成气源浪费
	（4）物料消耗 施工消耗：建筑材料、构配件、机具、劳保用品等。 办公耗材：办公设备及耗材	造成物质浪费

3.4.1.6 各类型施工中的风险源和危害的特点

(1) 长久性。建筑产品从建筑材料来源以及建筑产品使用和建筑产品寿命终止均将对环境产生不同程度的污染。每一建筑产品对环境不同程度的污染少则几年,长至上百年。建筑材料如水泥、油漆、石灰、黄沙、石子、钢材、砖瓦,在生产或开采过程中均对环境造成不同程度的污染。粉尘排放严重污染了周围环境,使空气污浊。钢筋、砖瓦、石灰、油漆生产均排放大量的有害气体物质如甲醛、氨气等,污染了环境。黄沙、石子开采亦破坏了生态环境,对环境造成影响。建筑产品建造过程或多或少产生建筑垃圾而污染环境;机械运输车辆产生的噪声影响了环境;建筑产品建造过程使用水泥等粉尘材料的散发影响了环境;油漆等产品有害气体蒸发影响了环境。建筑产品使用过程中,由于建筑产品在建造过程,特别装饰装潢所用材料,其中一些物质中有害物不断释放影响环境;同时在使用过程中产生垃圾而污染环境。建筑产品寿命终止拆除产生的机械振动噪声污染环境;爆破放出有害空气、粉尘、噪声污染环境,产生大量建筑垃圾污染环境。

(2) 突发性。建筑施工过程中对环境的污染具有突发性特点,当建筑材料运输过程中撒漏将突发环境污染;当遭受地震、大风、暴雨袭击时,建筑物倒坍将突发环境污染;当建筑产品寿命终止进行拆除时将突发环境污染。建筑材料特别是粉尘材料如水泥、石灰等包装袋破裂,使粉尘飞扬,将严重污染环境;油漆等材料遇火爆炸或储具破裂,使油漆中的有害物质集中性蒸发,将严重污染环境。自然灾害破坏,使建筑物倒坍,产生大量建筑垃圾,将严重污染环境。建筑产品寿命终止拆除时,无论采取机械化拆除,还是爆破式拆除都将产生极大的噪声和大量的粉尘以及很多的建筑垃圾将严重污染环境。

(3) 广泛性。污染范围广泛。建筑材料运输过程产生污染,建筑施工现场产生污染,其范围广、区域大,具有很大的范围广泛性。污染类型广泛:有固体物污染,比如建筑垃圾;有气体物污染,比如氨气、氡气、甲醛、苯等;有水剂污染,比如油漆、水泥浆等;有噪声污染,比如机械声振动、爆破声,其类型具有很大的广泛性。污染物广泛:污染空气,大量的有害气体和粉尘及噪声污染了环境;污染水源:建筑污水排放污染了水源;建筑垃圾的堆放污染广场、建筑物周围,其污染物广泛。

(4) 建筑产品本质要素性。建筑产品的建造需要多种材料、众多的人力资源和大量机械设备,必然要产生噪声、垃圾等。建筑产品在人们长期的使用中必然产生垃圾。建筑产品必然有寿命终止时,寿命终止时要进行拆除,拆除必然产生粉尘、噪声、垃圾,这就是建筑产品污染环境的本质要素性。建筑材料运输保管不妥,建筑施工管理不严,操作方法不当,产生材料外溢而污染环境,这就是建筑产品人为要素性污染环境。

(5) 建筑产品污染环境严重性。建筑施工机械噪声影响。一般机械噪声均达到 50～60dB,而噪声是诱发心脏病、高血压、脑中风、耳鸣等疾病的病源的重要因素;在施工中所产生的水泥粉尘、砖瓦粉尘、钢筋生锈粉尘、石灰粉尘等,使施工场地周围环境空气混浊,它会诱发呼吸道感染、肺炎等疾病。建筑装潢材料有害物质释放对人们身体健康影响更大,某些装潢材料中释放的甲醛、苯、氡等均是致癌物质。

3.4.2 交通基础设施建设安全管理中深层次问题

交通基础设施建设安全管理存在明显薄弱环节,主要表现为安全隐患。出现这些问题的原因在于安全生产要求被悬停在空中、悬浮在文中、悬念在会中,集中表现为"最后一公里"现象突出,没有真正将要求落实于生产生活的实践过程中、工艺中、基层队伍中,安全管理常常是一种被动的、应付的、形而上的落实,落实的手段也有限,通过安全考评也仅是注重结果,对落实过程缺乏监督,管理和预防的持续性得不到保证。当前交通基础设施建设安全管理中深层次问题见表3-8。

交通基础设施建设安全管理现存问题 表3-8

问题1	资源配置不合理,安全投入不足,安全保证措施跟不上实际工作需要
表现	人力投入不足、资金投入不足、设备投入不足,忽略现有施工单位的实际工艺水平和能力。 (1) 安全管理活动必需的费用难以落实; (2) 一些施工单位仍然以不合理低价中标,然后压缩安全投入换取利润空间; (3) 分项目施工机械设备管理不到位,机械设备陈旧老化,安全性能差; (4) 有经验的项目经理、特种设备持证人员、熟练工人和安全管理人员供不应求; (5) 现场应急处置和保全生命的救援能力仍然不足
问题2	对地质灾害的防御措施不足
表现	突发暴雨、山洪或坡体长期受雨水浸泡(或雪水消融作用)引起的泥石流或坡体滑塌、突发地震
问题3	境外施工公共安全问题
表现	防控意识和措施不适应
问题4	安全教育培训不到位,一线作业人员违规违章操作现象严重
表现	交通建设施工最大的特点就是人员流动性大,点多面广。不少农民工未经培训教育就上岗作业,有的虽然进行了培训,但缺乏针对性和有效性,培训不认真、不严格,往往流于形式,安全生产意识和技能差,自救自护能力弱,难以满足施工安全的需要,这也是造成事故的重要原因之一
问题5	操作问题
表现	(1) 管理不到位和人员违规误操作是诱发事故的主要原因; (2) 项目经理、特种设备持证人员、熟练工人和安全管理人员经验不足; (3) 大多作业人员在吃饭、交接班和作业疲劳、夜间休息等时段,思想麻痹; (4) 设计深度不足、施工工艺及安全技术标准相对滞后,一些项目设计片面追求创造纪录,而不是从项目实际功能的要求出发,导致施工风险增大,给安全生产下隐患; (5) 安全制度的执行力差。一些项目在实施过程中,安全制度缺乏针对性,有的专项施工方案"写一套、做一套",制度制定和实施"两张皮"。安全制度在执行中打折扣的现象更是屡见不鲜,安全生产的很多制度措施成为"写在纸上、挂在墙上"的摆设,没有真正执行到建设工地、没有执行到施工一线、没有变成一线作业人员的行为习惯

续上表

问题6	安全教育培训不到位,一线作业人员违规违章操作,对复杂多变的地质构造认识不到位,对特殊地质条件下施工的危险性认识不足
表现	有的施工单位在隧道等施工过程中未对地质条件进行复核、校验,发现围岩情况变化等不安全因素后也没有及时报告;或虽然报告,但在没有进行安全评估和变更设计的情况下,仍然继续按原方案施工;有的对危险工序、重点环节未树立动态施工管理的意识,也未及时调整安全防护措施,以消除安全隐患;有的一线作业人员安全意识差,对现场环境和作业条件发生变化未进行认真观测和分析,未采取有效的安全措施,冒险作业,最终导致事故发生

3.4.3 参建单位 HSE 管理体系运行现状和问题

自国内引入健康安全环境管理体系以来,各施工企业都已经积极地进行职业健康安全环境管理体系的建立并先后取得体系认证,在施工生产中将原有的安全管理模式规范化、文件化、系统化地结合到职业健康安全管理体系中,使安全管理工作循序渐进、有章可循,进入自主管理阶段。在重大风险源控制领域,取得了一些进展,开发了一些实用新技术,对促进企业安全管理、减少和防止伤亡和环境污染事故起到了良好作用,为重大工业事故的预防和控制奠定了一定基础,施工行业的安全管理水平有了明显提高。经过十几年的运作,HSE 管理体系现存的问题见表 3-9。

HSE 管理体系建立现存问题 表 3-9

问题点1	建立管理体系的误区
表现	虽然企业建立了职业健康安全和环境管理体系,加之目前社会咨询认证企业众多,水平良莠不齐,认证咨询企业专家对标准理解不同,指导意见不一定适合企业实际,容易使体系程序文件脱离实际,造成管理上的脱节、认识上的误区、执行上的混乱,造成基层疲于应付,使体系的推行处于食之无味,弃之可惜的两难地位
问题点2	风险源辨识缺陷
表现	对风险源识别、风险估测和控制缺乏科学有效的方法和制度。存在风险源识别和风险估测工作重点不清,风险级别把握不全的情况,风险源识别和风险估测的结果不能及时更新,没有根据施工现场的情况、施工条件发生的变化开展动态风险源识别和风险估测工作,使现场作业人员不明确必须控制的真正危险点、真正掌握风险管理的内涵,控制措施得不到有效落实
问题点3	体系运行形式化
表现	管理者缺乏对管理始终如一的重视和支持。部分员工在施工生产管理中职业健康安全管理体系的意识还比较淡薄,存在侥幸心理,对体系的管理在相当程度上仍停留在应付记录文件的填写、内审检查的准备方面,对建立和实施体系管理体系的意义和作用理解不够
问题点4	记录方式不适宜
表现	未与企业现有的质量管理体系记录文件有效结合,形成统一的管理记录模式。体系的记录文件与各职能部门一些管理性的记录表格(施工作业票、检查整改反馈表、施工交底记录等)产生冲突,造成重复性的工作,增大了执行层的工作分量和压力。对各职能部门正常工作造成一定影响

续上表

问题点 5	部门层次及职责不清
表现	职业健康安全环境管理体系管理手册中各职能部门职责划分不清、程序文件接口不明确,各职能部门职责沟通欠缺,体系运作中易出现推卸责任和扯皮现象,形成体系管理的真空地带,给体系实施带来一定的工作难度
问题点 6	风险管理策划方案脱离实际
表现	以结果性指标为导向的管理及指标分解的简单复制导致风险管理滞后。针对重大风险源,制订的管理方案在实施和落实方面仍存在一定差距。对管理方案中确定的项目内容和完成时间不能及时和企业年度安全计划相结合,保证足够的资金投入和物资材料投入,未实施定期检查和跟踪,未对完成情况进行评价,对整体效果进行验证
问题点 7	内部审核的效果不好
表现	企业内部职业健康安全环境管理体系的内审员组成较为薄弱,未经过严格的培训考核,在理论水平、专业素质等方面仍有欠缺,不能及时发现和总结体系运行过程中存在的问题和差距,甚至产生误导作用,给体系有效运行带来不利因素
问题点 8	合规性评价不充分
表现	没有进行风险源的识别与评价的不断深化,未对组织机构及职责进行不断完善,培训的内容没有深化与扩展,运行控制与应急响应程序没有完善,体系运行的监督检查没有加强,环境管理体系审核没有强化等。特别是:①法规适用性评价,②目标指标和管理方案验收性评价,③文件适宜性评价,④应急准备和响应措施适用性评价,⑤法规符合性评价等不到位

3.4.4 基础设施建设安全环保任务和困境

当前是我国全面建设小康社会的关键时期,也是深化改革开放、加快转变经济发展方式的攻坚时期,我国交通设施将继续保持大建设、大发展的态势。现阶段安全生产不适应的矛盾依然突出,主要表现在:

(1)安全事故的发生,人员的伤害,使得工程建设成本不断攀升,一些项目出现资金紧缺,给安全监管带来了新的挑战。

(2)工程建设大都转入工程条件更为复杂的山岭和水域,桥隧施工比例增大,高墩大跨结构增多,深挖高填施工作业量增加,特种设备与特殊工艺大量使用,加之极端天气的频繁出现,地质灾害时有发生,使得质量安全风险更为突出。

(3)一些地方盲目缩短建设工期,有的项目前期工作不充分,施工中受征地拆迁、阻工事件等影响,合理工期无法保证。此外,跨越已有公路、铁路的跨线施工项目显著增多,也使得安全风险叠加。

(4)民营投资的项目市场份额逐步增大,BT、BOT、EPC、项目代建等多种项目管理模式并存,导致项目业主的建设管理能力参差不齐,项目建设目标的价值取向差异性大,安全生产经常被忽视。

(5)有的建设单位管理行为不规范,有的企业投标弄虚作假、围标串标、低价抢标,有的招投标代理机构参与合谋围标串标。市场行为的不规范,导致中标企业特别是实质性承担施工任务的企业安全生产能力和条件得不到保证。

（6）工程建设过程有多家参建单位,共同完成一个项目。由于健康安全环境管理方面的差异,造成工程建设过程风险管理的障碍。

生命的代价警示我们,安全生产工作具有长期性、艰巨性和复杂性,要牢固树立忧患意识,正确处理好安全生产与发展速度的关系、安全生产与经济效益的关系,进一步增强做好安全生产工作的紧迫感和责任感,做到警钟长鸣、常抓不懈。要针对交通建设安全生产工作存在的突出问题和薄弱环节,强化监管,落实责任,促进交通建设安全生产形势的持续稳定。传统的安全环保管理模式已难以满足大规模工程安全生产和环境保护要求,迫切需要研究和制定交通基础设施建设过程 HSE 一体化管理体系,贯穿工程项目建设的各个环节。

3.4.5 其他行业 HSE 标准与交通基础设施建设适用性

其他行业的 HSE 管理体系并不完全适合交通运输行业基础设施建设的特点,必须将交通运输基础设施建设中已经积累的 HSE 管理的经验,把"平安工地"的创建成果转化为制度化的长期要求,结合国际和国内职业健康安全环境管理体系标准,进行技术深化研究。其他行业 HSE 管理体系与交通运输基础设施建设的对比见表 3-10。

HSE 标准在各行业应用中的对比　　表 3-10

标准内容	中国石油天然气集团公司企业标准	中国石油化工集团公司企业标准	交通基础设施建设行业
标准适用范围不同	适用于公司内部及供应商和承包方	适用于公司内部及供应商和承包方	适用于交通基础设施建设行业,参与建设的企业,包括专业分包方和供应商
体系的主体性质不同	适用的主体是中国石油天然气集团公司所属的企业（国有企业）	适用的主体是中国石油化工集团公司所属的企业（国有企业）	适用的主体是总承包方或业主（不确定性）
适用主体的性质不同	适用的主体是国企,便于统一规范、统一思想、统一行动	适用的主体是国企,便于统一规范、统一思想、统一行动	适用的主体是总承包方或业主方和专业分包方,有不确定性
产品不同	产品稳定	产品稳定	产品复杂,交叉和综合性强
生产和资源的特点不同	除勘探开发以外的工作和生产基本是相对稳定的。都有固体的场所、固定的环境、稳定的流程、设备稳定、人员稳定等。HSE 体系可以有常设措施	除勘探开发以外的工作和生产基本是相对稳定的。都有固体的场所、固定的环境、稳定的流程、设备稳定、人员稳定等。HSE 体系可以有常设措施	工程建设的地点、环境、任务、场所是变动的,设备设施是移动的,人员随着工程的要求重新组合,使得 HSE 体系设置的措施有临时性

续上表

标准内容	中国石油天然气集团公司企业标准	中国石油化工集团公司企业标准	交通基础设施建设
风险性质不同	风险有规律性	风险有规律性	共性的风险+突发性风险+多变性风险
人员素质有差异	人员岗位相对稳定,任职能力有保证,素质有保证	人员岗位相对稳定,任职能力有保证,素质有保证	人员组成不稳定,管理层、执行层、作业层人员文化素质差异大,多个不同性质的单位共同施工
工作条件	工作和生产条件稳定,可以通过5S管理,创造较好的工作条件	工作和生产条件稳定,可以通过5S管理,创造较好的工作条件	工作条件多变,野外作业为主,外部环境恶劣,天气影响大,工作和生产条件相对较差
生产周期不同	生产周期有规律并稳定	生产周期有规律并稳定	工程难易程度不同,工期长短不同

第4章 交通基础设施建设健康、安全、环境的常规管理

交通运输行业管理中提出的"平安工地"建设理念,为行业工程建设安全生产提供了强劲的抓手。在管理理念上,更加关注以人为本,把保证人的生命价值作为项目建设成果的主要表征;在组织结构上,更加注重团队优势,各方配合,共抓安全生产;在管理行为上,更加注重标准化建设、精细化管理,把安全生产落实到各个环节;在管理手段上,更加注重科技和信息技术的推广应用,保证项目建设的全过程安全生产可知可控;在管理目标上,更加追求安全、质量、效率、效益的统一。"平安工地"建设已成为实践现代工程管理的重要载体,以及推动科技进步、行业文明的有效途径。交通运输企业安全生产标准化,为工程建设安全考核提出了具体要求。2016年修订的《交通运输企业安全生产标准化建设评价管理办法》,要求开展境内交通运输企业安全生产标准化建设评价及其监督管理工作,包含着交通运输建筑施工企业和交通工程建设项目等类别。

交通行业安全生产、职业健康和环境保护常规管理是宽泛和基础要求,是基于问题导向和共性需要的管理要求集合,并非一体化管理。但从近些年的管理发展看,主管部门已明显意识到注重"领导承诺、风险防范、责任落实、持续改进、过程管理"体系化管理的重要性。《关于实施绿色公路建设的指导意见》(交办公路〔2016〕93号),明确提出在公路建设中"探索应用健康、安全和环境三位一体(HSE)管理体系";《关于打造公路水运品质工程的指导意见》(交安监发〔2016〕216号)中明确提出"鼓励应用质量、健康、安全、环境四位一体管理体系(QHSE管理体系),推进管理标准化"要求。这也是基于港珠澳大桥从2010年开始至2016年HSE管理实践取得初步成功后,在行业管理文件中首次提出推广应用要求。

4.1 交通行业职业健康、安全、环境的常规管理要求

4.1.1 交通行业的职业健康、安全管理要求

(1)总体要求

安全生产事关人民群众生命财产安全,事关改革开放、经济发展和社会稳定大局,党和政府历来重视安全生产工作,采取了一系列重大举措来加强安全生产工作。《中华人民共和国宪法》第42条规定:"中华人民共和国公民有劳动的权利和义务;国家通过各种途径,创造劳

动就业条件,加强劳动保护,改善劳动条件,并在发展生产的基础上,提高劳动报酬和福利待遇;国家对就业前的公民进行必要的劳动就业训练。"宪法的这一规定,是生产经营单位进行安全生产与从事各项工作的总的原则、总的指导思想和总的要求。我国各级政府管理部门,各类企事业单位机构,应按照这一规定,确立"安全第一、预防为主"的思想,积极采取组织管理措施和安全技术保障措施,不断改善劳动条件,加强安全生产工作,切实保护从业人员的安全和健康。1997 年颁布的《中华人民共和国刑法》(简称《形法》)对在安全生产方面构成犯罪的违法行为的惩罚也做了规定(表 4-1)。

《刑法》对交通运输和建筑施工安全事故的规定　　　　表 4-1

条款	罪　名	犯罪主体	犯罪的主观	犯罪的客观	处　罚
133	交通运输重大事故罪	从事交通运输人员(含非正式从事人员)	过失或自信过大	违反交通运输管理法规行为	<3 年,3~7 年,>7 年
137	建筑工程事故罪	建设单位、设计单位、施工单位、工程监理单位	过失,疏忽大意或自信过大	违反国家规定,降低工程质量标准行为	<5 年或拘役并罚金;5~10 年并罚金

2001 年国家为预防、控制和消除职业病危害,防治职业病,保护劳动者健康及其相关权益,促进经济发展,根据宪法制定《中华人民共和国职业病防治法》,并于 2011 年通过了《关于修改〈中华人民共和国职业病防治法〉的决定》。《中华人民共和国职业病防治法》分总则、前期预防、劳动过程中的防护与管理、职业病诊断与职业病病人保障、监督检查、法律责任、附则,共 7 章 88 条。2016 年通过了《关于修改〈中华人民共和国职业病防治法〉》的决定。

国家 2002 年颁布实施了《中华人民共和国安全生产法》等法律法规,明确了安全生产责任,初步建立了安全生产监管体系,对重点行业和领域集中开展了安全生产专项整治。2003 年国务院通过《建设工程安全生产管理条例》,自 2004 年 2 月 1 日起施行。2007 年 2 月 14 日发布了《公路水运工程安全生产监督管理办法》,并于 2016 年印发了《交通运输部关于修改〈公路水运工程安全生产监督管理办法〉的决定》。这些法律法规,对交通建设工程安全生产进行了顶层规范。

现行企业安全生产、职业健康防护的法律、法规体系十分庞大,多为原则性规定,要付诸实施,必须有更为具体、更为翔实的技术标准和规程予以支持。安全生产技术标准具有安全技术性法规的作用,是法律规定的延伸。2004 年,国务院发布了《关于进一步加强安全生产工作的决定》,提出在全国所有工矿、商贸、交通、建筑施工等企业普遍开展安全质量标准化活动。为进一步加强安全生产工作,全面提高安全生产水平,2010 年国务院印发了《关于进一步加强企业安全生产工作的通知》,要求全面开展安全达标活动。同时,国家安全生产监督管理总局发布了行业标准《企业安全生产标准化基本规范》(AQ/T 9006—2010),规范了企业安全标准化工作。2011 年国务院安全生产委员会发布了《关于深入开展企业安全生产标准化建设的指导意见》，提出了总体要求、目标任务、实施方法和工作要求。同年，交通运输部印发《交通运输企业安全生产标准化建设实施方案》，明确了交通行业安全生产标准化的具体要求。建筑行业制定了《建筑施工安全检查标准》(JGJ 59—2011)、《施工企业安全生产评价标准》(JGJ/T 77—2003)等相关标准。2012年后，交通运输部又印发《交通运输企业安全生产标准化考评管理办法》《交通运输企业安全生产达标考评指标》(提出16个类型的企业考评指标)、《交通运输企业安全生产标准化考评发证实施办法》《交通运输企业安全生产标准化考评机构管理实施办法》《交通运输企业安全生产标准化考评员管理实施办法》，行业安全生产标准化建设及达标考评工作全面展开。

交通企业安全生产、职业健康防护的行业标准和要求包括：《公路工程施工安全技术规范》(JTG F90—2015)，《公路桥涵施工技术规范》(JTG/T F50—2011)，《公路隧道施工技术规范》(JTG F60—2009)，《水运工程施工安全防护技术规范》(JTS 205-1—2008)，《危险化学品经营企业开业条件和技术要求》(GB 18265—2000)，《爆破安全规程》(GB 6722—2014)，交通运输部办公厅关于转发重庆市交通委员会关于加强桥梁工程双壁钢围堰施工安全管理工作的通知(交办安监〔2015〕77号)，国家安全监管总局、交通运输部、国务院国资委、国家铁路局关于印发《隧道施工安全九条规定》的通知(安监总管二〔2014〕104号)等技术标准规范和要求，其体系庞大，不胜枚举。

(2) 工程建设安全生产管理制度

2007年制定、2016年修正的《公路水运工程安全生产监督管理办法》对交通建设工程安全生产条件、安全责任、监督检查及其他事项进行了具体的要求。

建设、监理、施工单位应在开工前识别适用的安全生产法律、行政法规、部门规章、地方法规、地方规章和相关标准、规范性文件，并建立清单，每半年更新一次。建设、监理、施工单位应制定安全生产管理制度，以文件形式印发。建设单位在招标前制定工程项目安全生产管理制度，印发建设单位各部门，包括但不限于表4-2中所示制度。建设单位应在招标前制定工程项目施工安全标准，明确建设、监理、施工单位安全生产管理工作内容、程序、标准、要求和安全技术相关要求等，印发建设单位各部门，作为招标文件和施工合同的附件。

建设单位安全生产管理制度主要内容　　　　表4-2

序号	制　　度	主　要　内　容
1	全员安全责任制及考核奖惩制度	应明确全员安全生产责任、考核标准、考核实施及奖惩等内容
2	安全生产会议制度	应明确会议频次、内容、参会人员、会议决定事项跟踪等内容
3	安全生产机构设置与人员配备制度	应明确机构设置、人员配备标准、人员资质要求等内容
4	安全风险辨识、评估与分级管控制度	应明确风险(危险)源辨识与评估、管理与控制、风险告知、重大危险源管理等内容
5	安全生产费用管理制度	应明确费用提取、使用范围、计量支付方式、审批流程、使用监督、变更、台账记录等

续上表

序号	制　度	主　要　内　容
6	安全生产教育培训制度	应明确教育培训的职责分工、培训对象、内容、学时、频次、效果评价、台账记录等
7	安全生产检查制度	应明确检查的类别、方式、内容、频次、整改流程、结果应用等
8	生产安全事故隐患督促整改制度	应明确隐患督促整改的职责分工、管理流程等
9	生产安全事故管理制度	应明确事故的报告、应急救援、统计分析、内部调查和责任追究等
10	安全生产内业资料管理制度	应明确内业资料的归档类别、归档内容、归档责任部门等
11	"平安工地"建设评价管理制度	应明确"平安工地"建设评价(含开工前建设条件核查)的职责分工、实施步骤、评价标准、结果运用、台账记录等

监理单位应根据建设单位制定的工程项目施工安全标准，在施工单位进场前制定安全监理制度，印发监理单位各部门及各驻地办、监理合同段，并以文件形式报建设单位审查，包括但不限于表4-3所列制度。

监理单位安全生产管理制度主要内容 表4-3

序号	制　度	主　要　内　容
1	全员安全责任制及考核奖惩制度	应明确全员安全生产责任、考核标准、考核实施及奖惩等内容
2	安全生产会议制度	应明确会议频次、内容、参会人员、会议决定事项跟踪等内容
3	安全生产费用审查制度	应明确费用计量审查的职责分工、审查程序、审查要求、台账记录等
4	特种作业、特种设备核查监督制度	应明确施工单位特种作业人员、特种设备进场报审(验)流程和资料清单、核查程序、日常监督等
5	安全生产教育培训制度	应明确教育培训的职责分工、培训对象、内容、学时、频次、效果评价、台账记录等
6	危险性较大工程监理制度	应明确危险性较大工程监理的职责分工、方案审查程序、方案实施过程监督、台账记录等
7	安全生产检查制度	应明确检查的类别、方式、内容、频次、整改流程、结果应用等
8	生产安全事故隐患督促整改制度	应明确隐患督促整改的职责分工、管理流程等
9	生产安全事故报告制度	应明确事故报告的职责分工、报送程序、时限等
10	安全生产内业资料管理制度	应明确内业资料的归档类别、归档内容、归档部门等
11	"平安工地"建设评价制度	应明确对施工单位开展生产条件核查和"平安工地"建设评价的职责分工、核查(复核)程序、核查(复核)标准、复核结果报送、台账记录等

施工单位应依照建设单位工程项目施工安全标准，在开工前制定本合同段安全生产管理制度，印发施工单位各部门、专业分包单位和劳务合同单位，并以文件形式报监理单位审查，同意后报送建设单位备案，包括但不限于表4-4所列制度。

施工单位安全生产管理制度主要内容　　　　表 4-4

序号	制度	主要内容
1	全员安全责任制及考核奖惩制度	应明确全员安全生产责任、考核标准、考核实施及奖惩等内容
2	安全生产会议制度	应明确会议频次、内容、参会人员、会议决定事项跟踪等内容
3	安全风险辨识、评估与分级管控制度	应明确风险(危险)源辨识与评估、管理与控制、风险告知、重大危险源管理等内容
4	安全生产费用管理制度	应明确费用计划(清单)编制、费用支取申报程序、台账记录等
5	劳动用工实名登记制度	应明确用工登记编码规则、登记信息、登记程序、信息化和动态管理要求等
6	劳动防护用品配备和管理制度	应明确劳动防护用品的配备标准、用品的采购、验收、发放登记、使用要求、使用监督等
7	特种作业人员管理制度	应明确特种作业人员的进场考核、岗前培训、继续教育、人员登记台账等
8	施工机械设备安全管理制度	应明确施工机械设备管理的职责分工,设备的安装、验收、使用、检查、保养维修管理要求,台账记录等
9	施工单位项目主要负责人带班制度	应明确施工单位项目主要负责人带班计划、带班内容、带班管理程序、台账记录等
10	安全生产教育培训制度	应明确教育培训的职责分工、培训对象、内容、学时、频次、效果评价、台账记录等
11	"平安班组"建设制度	应明确"平安班级"建设的职责分工、实施要求、检查评价、奖惩、台账记录等
12	施工安全技术交底制度	应明确交底的通知书编制、交底实施、过程监督、台账记录等
13	危险性较大工程管理制度	应明确危险性较大工程的清单制定、专项施工方案的编审批、专项方案的实施、台账记录等
14	生产安全事故隐患排查治理制度	应明确隐患排查的方式、频次、治理程序、治理要求,重大事故隐患的清单建立、排查治理等
15	安全生产检查制度	应明确检查的类别、方式、内容、频次、整改流程、结果应用等
16	生产安全事故管理制度	应明确事故的报告、应急救援、统计分析、内部调查和责任追究等
17	安全生产内业资料管理制度	应明确内业资料的归档类别、归档内容、归档责任部门等
18	施工现场消防安全责任制度	应明确现场消防安全管理职责分工、责任区域划分、器材配备台账建立、检查维护记录要求等
19	危险品管理制度	应明确施工现场用火、用电、使用危险品的管理程序,管理要求和责任分工,台账记录等
20	施工作业操作规范	应明确施工各工序、工程的具体操作要领等
21	专业分包(劳务分包)单位安全管理考评制度	应明确专业分包(劳务分包)单位安全生产条件、管理责任、评价内容和标准、评价方式和频次、评价实施、结果应用、奖惩等
22	"平安工地"建设评价制度	应明确开工前安全生产条件自评,"平安工地"建设自评的职责分工、自评程序、自评结果报送、台账记录等
23	安全生产奖惩制度	应明确安全生产奖惩条件和方式、结果应用、台账记录等

(3)品质工程和绿色公路对安全管理的要求

2016年12月23日交通运输部安全质量监督管理司印发《关于打造公路水运品质工程的指导意见》(交安监发〔2016〕216号),提出要提升工程安全保障水平。

①加强工程安全风险管理基础体系建设。推行工程安全生产风险管理,建立安全风险分级管控和隐患治理双重预防体系,推动重大安全风险管控和重大事故隐患治理清单化、信息化、闭环化动态可追溯管理,夯实安全管理基础。

②提升工程结构安全。树立本质安全理念,强化桥梁隧道、港口工程等的施工和运行安全风险评估工作,切实加强工程结构安全关键指标的实时监测与分析,积极探索智能预警技术,确保工程结构安全状态可知、可控。

③深化"平安工地"建设。加强施工安全标准化建设,推进危险作业"机械化换人、自动化减人",提高机械化作业程度。推行安全防护设备设施工具化、定型化、装配化。落实安全生产责任,健全安全工作制度,强化安全管理和风险预控,加强隐患排查治理,提升针对性应急处置能力,确保施工安全。

④提升工程安全服务水平。加强公路交通安全评价,强化公路管理和服务设施的科学合理配置,加强道路、桥梁、隧道、港口等安全运行监测与预警系统建设,提高工程运行管理水平和应急服务能力。建立健全工程巡查排险机制,提升工程安全防护设施和管理服务设施的有效性。

2016年08月01日交通运输部公路局印发《关于实施绿色公路建设的指导意见》(交办公路〔2016〕93号),提出全面实施标准化施工,建立标准化施工长效机制,实现工地标准化、工艺标准化和管理标准化;鼓励工程构件生产工厂化与现场施工装配化,注重工程质量,提高工程耐久性,实现工程内外品质的全面提升;在其他工程实践基础上,探索应用健康、安全和环境三位一体(HSE)管理体系。

4.1.2 交通行业的环境管理要求

(1)总体要求

经过三十多年的快速发展,我国积累下来的生态环境问题日益显现,进入高发、频发阶段。保护生态环境,关系广大人民的根本利益,关系中华民族发展的长远利益,是功在当代、利在千秋的事业,只有深刻意识到环境在对国家对人民发展的深刻意义后,才能切实付诸行动保护环境,才能拥有蓝天、碧水、青山、绿地。我国已经基本建立了环境保护的法律法规、规范标准和制度体系。

我国宪法第二十六条规定,国家保护和改善生活环境和生态环境,防止污染和其他公害;第九条规定,国家保障自然资源的合理利用,保护珍贵的动物和植物,禁止任何组织或者个人用任何手段侵占或者破坏自然资源。这些条例规定了国家环境保护的总体政策,是我国其他各项环境立法的依据和基础。宪法第五十一条规定:"中华人民共和国公民在行使自由和权利的时候,不得损害国家的、社会的、集体的利益和其他公民的合法的自由和权利。"这一规定给环境法中的环境权利和环境义务的规定提供了有力的保障。

1997年颁布的《中华人民共和国刑法》对在环境保护方面构成犯罪的违法行为的惩罚也做了规定。在第六章"妨碍社会管理秩序罪"中专门增加了"破坏环境资源保护罪"一节,并设立了重大环境污染事故罪等罪名,最高人民法院《关于审理环境污染刑事案件具体应用法律若干问题的解释》作为配套,构成了目前我国刑法制裁环境犯罪的基本法律依据。第六章中破坏环境资源保护罪主要包括:重大环境污染事故罪、非法处置进口的固体废物罪、擅自进口固体废物罪;第八章中贪污受贿罪包括:环境监管失职罪。其他散见于其他章节,如第二章危害公共安全罪;破坏易燃易爆设备罪、过失损坏易燃易爆设备罪;危险物品肇事罪。重大环境污染事故罪针对违反国家规定,向土地、水体、大气排放、倾倒或者处置有放射性的废物、含传染病病原体的废物、有毒物质或者其他危险废物,造成重大环境污染事故,致使公私财产遭受重大损失或者人身伤亡的严重后果的行为。

1989年颁布实施的《中华人民共和国环境保护法》(2014年修订,2015年1月1日起施行),明确了企业事业单位和其他生产经营者应当防止、减少环境污染和生态破坏,对所造成的损害依法承担责任。五个环境污染防治专项法,即《中华人民共和国固体废物污染环境防治法》《中华人民共和国噪声污染防治法》《中华人民共和国水污染防治法(1996年修正)》《中华人民共和国大气污染防治法》《中华人民共和国放射性污染防治法》,为防治污染提供了法规依据。各地也相继发布了地方性环境保护行政法规、规章以及环境保护标准等,对工程建设环境保护也有规范意义。

(2)环境保护管理制度

目前中国环境保护主要由环境保护部门主导,地方政府和行业主管部门分工负责统筹进行。我国的环境保护政策已经形成了一个完整的体系,它具体包括三大政策八项制度,即"预防为主,防治结合""谁污染,谁治理""强化环境管理"这三项政策和"环境影响评价""三同时""排污收费""环境保护目标责任""城市环境综合整治定量考核""排污申请登记与许可证""限期治理""集中控制"八项制度。

新的《中华人民共和国环境保护法》的实施,在环保顶层制度体系层面,理念由之前的"治污"转变为"防治并行,防护为主"。环保监测体系得到积极重视的同时,环保违法的成本大幅度提升,逾期不改的排污企业受到的处罚将按日计算,且罚款无上限。各级政府及相关部门负责人在环保工作上不作为将受到处罚或可引咎辞职。

环境保护的主要原则是"污染者付费、利用者补偿、开发者保护、破坏者恢复"。"污染者付费",指污染环境所造成的损失及治理污染的费用应当由排污者承担,而不应转嫁给国家和社会。"利用者补偿",指自然资源利用者应对被利用的资源给予经济补偿。"开发者保护、破坏者恢复",指开发利用自然资源必须承担保护自然资源和自然环境的义务,对因开发而破坏的自然环境有恢复的责任。

我国环境保护市场引导或市场培育的制度处于起步和初期孵化阶段,有待完善。税制层面,尽管我们有燃油税、车船使用税和资源税等绿色税种,但是还没有真正意义上的环境税。目前环境保护市场引导性制度主要体现于环境污染第三方治理制度这个环节。环保信息公开和环境污染公共监测预警要求各级人民政府在环境受到污染,可能影响到公共健康和环境安全的时候,应当及时公布预警信息。

(3)交通运输环境保护制度

交通运输行业主要涉及以下环境问题:一是运输工具工作过程中的污染物排放,比如车船燃油泄漏和污染气体排放等;二是交通运输工具工作的噪声污染,如公路噪声污染;三是交通运输工程建设、交通运输枢纽工作过程中对环境的破坏,如公路建设过程中对环境的破坏、港口装卸过程中产生的粉尘污染等;四是运输危险货物工具在运输过程中可能发生的有害物质的泄漏对环境的破坏。

目前交通运输环境保护围绕防止污染、防止破坏、自然保护三大目标进行。主要的制度手段包括:行政手段、市场化手段、工程技术手段、信息公开、教育引导手段等。目前,交通运输环境治理逐步从污染物总量控制转向总量控制与环境质量改善并重。

①交通运输环境保护行政监管制度。

交通运输环境影响评价。主要是指对交通运输工程项目(公路、港口等)建设可能造成的环境影响进行分析、预测和评估。主要包括规划环评和项目环评。具体表现为:对公路、港口及航道规划实施的环境影响和应对措施进行分析和论证;在公路、港口及航道规划方案的确定过程中,尽量避让自然保护区、水源保护区和珍稀动植物保护区等生态环境敏感目标,尽可能节约土地和岸线等资源。在工程项目实施之前,全部依法开展建设项目环境影响评价报告的编制工作,在项目实施过程中开展工程环境监理工作,工程交工验收后开展环境保护专项验收调查工作并形成竣工环保验收调查报告。

对运输工具的规制。一是对车船等运输工具实行严格的检查与维护制度,减少污染物排放。二是严格执行运输工具报废制度。比如对于到年限的机动车坚决予以报废,减少因车辆老旧增加的尾气污染物排放。

交通基础设施建设"三同时"制度。交通基础设施建设过程中环保设施与主体工程同步设计、同步建设,以此提升行业防止污染能力。公路规划和建设层面,主要集中于污水处理和噪声防护设施的同步设计和建设。水上运输,沿海港口污水治理和船舶油污水、船舶垃圾接收,海事部门到港船舶污染物接收船舶设置都得到同步强化。

环境监测制度。交通运输部设立环境监测总站,负责交通行业环境保护监测网站管理、技术仲裁、环境评价等工作。地方交通管理部门和交通行业企事业单位统一规划设立监测站（或室），负责当地交通行业和本单位环境监测、污染源监测、应急监测、环境评价，以及编报监测资料等工作。

环境保护主管领导责任制。各级交通部门主管领导,在提出任期目标时,必须包括环境保护任期目标。环境保护作为其政绩考核的一个内容。

②政府引导下的交通运输环境保护市场化制度。

严格客货运输营运性运输装备排放标准。限制排放超标的运输工具工作运行,迫使生产厂家想尽办法降低新生产运输工具的尾气排放污染。

公交车优先制度。减少私人小汽车拥有量,降低机动车的保有量,减少机动车污染物排放总量。

推广环保技术。通过生态型公路、港口、航道工程技术指南的研究制定逐步建立生态型交通基础设施建设激励机制。强化港口装卸机械技术升级改造,淘汰低效率、高污染的老旧设备。加强公路养护中的污染防治,鼓励机械除雪,推广使用环保型融雪剂,减轻融雪剂对路域生态环境的影响。远洋船舶和沿海沿江外贸港口中配置船舶压载水灭活设备设施,防止外来生物入侵。进一步推广建设防风网、抑尘剂、喷淋除尘、密闭运输系统改造等技术。

③政府主导下的交通运输环境保护工程推广和示范制度。

重点环境保护工程推广。主要包括生态型公路工程推广和污水循环利用推广。此项工程主要集中于中、西部地区典型路段,结合西部开发的省际通道项目,开展生态型公路建设推广工程。建设内容主要包括公路水土流失防治、临时用地生态恢复、动物通道设置、湿地保护和连通、生态排水沟等内容。污水循环利用推广旨在全国沿海、内河主要港口以及高速公路服务区和高等级航道水上服务区开展污水循环利用推广工程。

环境保护工程试点。主要代表为公路生态修复试点、生态型声屏障建设公路试点、港口生态修复试点、内河航道生态修复试点等。公路生态修复试点工程旨在结合国道改造工程,针对不同区域的已建公路开展生态修复试点工程。港口生态修复试点则是针对重大围填海港口工程较为集中的渤海湾、江苏沿海、珠江三角洲、北部湾等区域,统筹规划,科学安排港口工程生态修复,开展港区生态修复试点工程,主要包括生态移植、植被恢复、增殖放流、人工渔礁等内容。内河航道生态修复试点则旨在在内河航道建设较为密集的长江干线、西江干线等流域选择合适水域建设航道工程生态修复试点工程,主要包括鱼道建设、增殖放流、生态护岸等内容。

环境保护示范。主要包括生态型港口工程示范、建筑垃圾循环利用示范、废旧沥青再生利用示范等。生态型港口工程示范旨在结合各港口自身条件和建设基础,选择不同区域、不同流域的沿海及内河主要港口开展生态型港口工程的示范建设,主要包括湿地保护和连通、生态护岸、生态缓冲带、资源循环利用、污染控制等内容。建筑垃圾循环利用示范旨在选择总长度不低于1 000km的改扩建高速公路和国道主干线项目,集中推广废旧钢材、混凝土等再生利用技术,开展施工建筑垃圾循环利用。废旧沥青再生利用示范旨在选择总长度不低于 1 000km 的新建或改扩建高速公路,开展废旧沥青再生利用示范。

(4)工程建设环境管理要求

为促进公路发展转型升级,建设以质量优良为前提,以资源节约、生态环保、节能高效、服务提升为主要特征的绿色公路,实现公路建设健康可持续发展,2016 年 8 月 1 日交通运输部公路局印发《关于实施绿色公路建设的指导意见》(交办公路〔2016〕93 号),提出了绿色公路建设的目标:到 2020 年,绿色公路建设标准和评估体系基本建立,绿色公路建设理念深入人心,建成一批绿色公路示范工程,形成一套可复制、可推广的经验,行业推动和示范效果显著,绿色公路建设取得明显进展。并提出了以下几方面的重点任务:

①统筹资源利用,实现集约节约;

②加强生态保护,注重自然和谐;

③着眼周期成本,强化建养并重;

④实施创新驱动,实现科学高效;

⑤完善标准规范,推动示范引领。

同时,要求省级交通运输主管部门制定本地区的绿色公路建设激励约束机制,建立健全绿色公路建设综合评价制度,完善绿色公路评价指标,构建绿色公路建设可控、可量化、可考核的制度体系。

值得一提的是,在该项文件中,明确提出"总结推广建设管理新经验。……探索应用健康、安全和环境三位一体(HSE)管理体系,……"。这也是基于港珠澳大桥从 2010 年开始至 2016 年 HSE 管理实践取得初步成功后,在行业管理文件中首次被提出。其后,2016 年 12 月 23 日交通运输部安全质量监督管理司印发《关于打造公路水运品质工程的指导意见》(交安监发〔2016〕216 号),提出了"鼓励应用质量健康安全环境四位一体管理体系(QHSE 管理体系),推进管理标准化"的工程建设管理提升要求。

《关于打造公路水运品质工程的指导意见》提出:

①注重生态环保。严格落实生态保护和水土保持措施,加强生态脆弱区域的环境监测和生态修复,降低公路水运工程建设对陆域、水生动植物及其生存环境的影响。

②注重资源节约。节约利用土地资源,因地制宜采取有效措施减少耕地和基本农田占用。高效利用临时工程及临时设施,注重就地取材,积极应用节水、节材施工工艺,实现资源节约与高效利用。综合考虑工程性质、施工条件、旧料类型及材质等因素,推进废旧材料再生循环利用。

③注重节能减排。积极应用节能技术和清洁能源,使用符合国家标准的节能产品。加强设备使用管理,选用能耗低、工效高、工艺先进的施工机械设备,淘汰高能耗老旧设备。优化施工组织,合理安排工序,提高设备使用效率,降低施工能耗。

公路工程建设过程的环境保护基本要求包括：

①开发利用自然资源的项目,必须采取措施保护生态环境。

②建设工程项目选址、选线、布局应当符合区域、流域规划和城市总体规划。

③应满足项目所在区域环境质量、相应环境功能区划和生态功能区划标准或要求。

④应采取生态保护措施,有效预防和控制生态破坏。

⑤对环境可能造成重大影响、应当编制环境影响报告书的建设工程项目,可能严重影响项目所在地居民生活环境质量的建设工程项目,以及存在重大意见分歧的建设工程项目,可以举行听证会,听取有关单位、专家和公众的意见,并公开听证结果,说明对有关意见采纳或不采纳的理由。

⑥建设工程项目中防治污染的设施,必须与主体工程同时设计、同时施工、同时投产使用。防治污染的设施必须经原审批环境影响报告书的环境保护行政主管部门验收合格后,该建设工程项目方可投入生产或者使用。

在公路工程的施工期,加强对施工队伍的生活污水、固废处理,在各施工营业建化粪池及垃圾堆放站,严禁将其直接排入水体中。施工物质,如沥青、油料、化学品等不宜直接堆放在河旁,应远离各类水体,妥善保管堆放,防止暴雨冲刷进入水体。施工的废土石方禁止倒入水体,施工完毕后,及时清理。对桥梁围堰等施工,在施工结束后及时清除围堰土。避免桥梁施工机械油污对水体污染。对施工车辆、机械的冲洗废水和其他含油污水经过隔油池处理后排放。施工废水需设专用沉淀池处理后排放于水体内。加强施工机械的清洁化管理工作,严禁超标准排放大气污染物,控制好施工场地的扬尘,减少施工机械的噪声。

4.2 平安工地、安全标准化管理模式及要素特点

4.2.1 安全生产管理模式

安全管理方法有安全管理计划方法、安全决策方法、安全管理组织方法、安全激励方法、安全管理控制方法,均是围绕(安全)管理的职能确定的方法。详细安全管理职能包括：

(1)确定目标;

(2)设置组织机构,确定相关岗位职责;

(3)安全生产投入保证;

(4)法律法规的执行与完善安全管理制度;

(5)教育培训;

(6)设备设施管理;

(7)作业安全管理;

(8）隐患排查和治理；

(9）重大危险源监控；

(10）职业健康管理；

(11）应急救援；

(12）事故管理；

(13）绩效评定和持续改进等。

安全管理模式是安全管理的方式方法，不同行业的安全管理模式因管理思路不同，均有各自不同的经验和习惯，呈现出多样化的管理模式，但总体上可分为传统安全管理和体系化安全管理。目前，大多数工程管理单位和施工企业的安全生产管理模式为根据国家安全法规自我管理。国内多数工程主体和参建单位实行的管理模式多为自主管理，多数单位追求直接的经济利润，而忽视了施工安全的精细化管理，容易造成安全管理"说起来重要，做起来次要，忙起来不要"的局面。工程施工企业多数已通过职业安全健康管理体系认证，但很少有单位按照体系规范的风险控制措施认真贯彻执行、积极组织学习、主动开展风险源辨识和风险评价工作。同时，体系文件仅是针对施工企业安全管理而定的宽泛文件，多为原则性的程序文件和管理制度，缺少针对具体工程特点的、能有效推动安全措施落实的系统体系文件，体系运行的资料多为应付内外审核而拼凑的虚假资料。

2017年交通运输部印发《深入开展平安交通专项整治行动方案》，明确要继续推进公路水运建设工程质量安全隐患大排查大整治专项行动，重点抓好以下专项整治工作：严格按照规定编制和审查隧道、桥梁围堰、支架等专项施工方案。严禁没有专项施工方案的工程进行施工，严禁未开展超前地质预报、监控量测和采取支护措施的隧道开挖。严禁深基坑防护措施不足、不满足安全施工条件的桥梁围堰施工建设。全面开展施工驻地设置和作业现场安全评估。坚决杜绝在陡坡、临崖、危岩以及易发生泥石流、滑坡、洪水、落石等灾害影响地点选址建设。施工现场、生产区、生活区、办公区等防火或临时用电必须满足规范要求。开展施工风险评估和重大事故隐患清单管理。在建高速公路、长大桥隧等大型构造物工程以及重点水运建设项目，要全面开展施工风险评估。列入当年国家和地方基本建设的公路、水运重点工程，要全面实施重大事故隐患清单管理，严格督促企业认真开展隐患排查建档和整改销号，对发现整改不力的企业，一律依法上限处罚。

4.2.2 交通行业平安工地建设

当前交通运输行业的最典型的工程建设安全管理模式，是"平安工地"创建和安全标准化基础之上的建设主体自我管理。2010年，为深入贯彻党中央、国务院关于加强安全生产工作的部署和要求，切实加强交通运输建设安全生产"双基"（基层和基础）工作，促进交通建设领域安全生产形势持续稳定好转，交通运输部决定开展公路水运工程"平安工地"建设活动，发布了《公路水运工程"平安工地"建设活动实施方案》。

"平安工地"建设活动的总体思路是,深入贯彻落实科学发展观,以安全发展为主题,以加快转变交通运输发展方式和加快推行现代工程管理为主线,以"平安工地"建设活动为抓手,坚持"以人为本、安全第一、预防为主、综合治理"的方针,把事故预防作为促进安全生产的主攻方向,把规范安全管理和施工作业行为作为促进安全生产的重要保障,把加强基层、基础工作作为促进安全生产的两个着力点,把科技进步、教育培训、信息化建设作为促进安全生产的三个重要支撑,落实责任,依法监管,努力促进全行业施工安全形势的持续稳定,切实维护人民群众生命财产安全,为促进经济长期平稳较快发展和社会和谐稳定提供强有力的安全保障。

"平安工地"创建活动,是交通运输基础设施建设领域、为促进全行业安全发展所开展的一项重大活动,是一项长期工作。活动强调:在管理理念上,更加关注以人为本,把保证人的生命价值作为项目建设成果的主要表征;在组织结构上,更加注重团队优势,各方配合,共抓安全生产;在管理行为上,更加注重标准化建设、精细化管理,把安全生产落实到各个环节;在管理手段上,更加注重科技和信息技术的推广应用,保证项目建设的全过程安全生产可知可控;在管理目标上,更加追求安全、质量、效率、效益的统一。把"平安工地"建设作为实践现代工程管理的重要载体,作为推动科技进步、行业文明的有效途径。

"平安工地"建设活动的工作重点,主要是"三个强化"和"四个推进"。"三个强化"包括以下几个方面:

(1) 进一步强化"本质安全"的理念。主要是指安全管理要实现人的安全可靠性、物的安全可靠性和系统的安全可靠性。在工作中处处按照标准、规范作业,就能把事故降到最低,最终实现公路工程"零伤亡"的安全目标。

(2) 进一步强化安全生产责任落实。一是要强化企业主体责任,二是要强化建设单位的组织领导责任,三是要强化相关部门的监管责任,四是要严格落实安全事故隐患问责制。

(3) 进一步强化安全风险预控措施。严格落实《设计阶段的风险评估制度》《桥梁和隧道工程施工阶段风险评估办法》。一是建设单位要对极高风险的施工作业,提出降低风险的措施方案,并向交通工程安全监督管理部门报备。二是施工单位要充分利用风险评估成果,完善施工组织设计和危险性较大工程专项施工方案,对项目施工过程实施预警、预控、预报、预防。三是监理单位要做到施工组织设计文件、危险性较大工程专项施工方案、应急预案与施工安全风险评估报告同时审查;无风险评估报告,不得签发开工令。四是各省级交通运输主管部门要将工程安全风险评估制度实施情况纳入检查范围,对极高风险的施工作业要重点督查。

"四个推进"包括以下几个方面:

(1) 进一步推进安全管理标准化建设。推行安全生产标准化,要根据不同阶段特征,抓住关键环节,扎实推进安全管理"三项达标"工作。一是推动岗位达标。安全生产工作的重心在基层,重点在班组。二是推动现场安全防护达标。加强科技创新,确保施工现场布置有序,推进现场危险施工作业环境的防护措施达标。三是推动项目安全管理达标。实现安全生产"五个统一",即,统一施工安全管理程序;统一现场安全防护标准;统一安全培训形式内容;统一施工风险预警程序;统一用工登记管理形式。安全管理达标的核心目的,就是让标准成为习惯,让习惯符合标准,让结果达到标准。

(2)进一步推进安全生产条件改善。发挥企业的创新主体作用,积极构建完善的安全生产技术支撑体系,大力推进安全科技化、信息化建设,为安全监管提供科技支撑,不断提高公路水运工程建设安全管理水平。

(3)进一步推进监管能力和应急救援水平提升。一是要提升安全业务能力,二是要提高行政执法能力。

(4)进一步推进行业监管长效机制建设。开展"平安工地"建设,必须要从建立健全制度入手、从加大制度执行力入手,以建设项目为载体,实现安全监管和隐患排查常态化和制度化。一是建立企业自我约束机制,二是完善市场诚信机制,三是健全政府有效监管机制,四是建立社会广泛参与机制。

目前大部分公路、水运工程建设项目均采用这种"平安工地"的安全生产管理模式。该模式对密集程序不高的风险源控制有较好的适用性,对大型工程、多组织施工缺少更加有效的风险控制管理途径。

4.2.3 公路水运品质工程

品质工程是交通运输部推动交通基础设施建设发展转型、落实五大发展理念、落实国务院《质量发展纲要(2011—2020年)》,在新时期提出的新的建设理念和建设目标,是以"优质耐久、安全舒适、经济环保、社会认可"为建设目标的公路水运工程建设成果。

打造品质工程是公路水运建设贯彻落实五大发展理念和建设"四个交通"的重要载体,是深化交通基础设施供给侧结构性改革的重要举措,是今后一个时期推动公路水运工程质量和安全水平全面提升的有效途径,是推进实施现代工程管理和技术创新升级的不竭动力,对进一步推动我国交通基础设施建设向强国迈进具有重要意义。品质工程是践行现代工程管理发展的新要求,追求工程内在质量和外在品位的有机统一,以优质耐久、安全舒适、经济环保、社会认可为建设目标的公路水运工程建设成果。

打造品质工程,要坚持"目标导向、创新驱动,功能提升、注重效益,政府引领、企业创建,统筹推进、示范带动"四大原则,分领域、分重点、分步骤扎实推进。

4.2.4 交通行业安全标准化

交通运输企业安全生产标准化是指企业通过落实安全生产主体责任,全员全过程参与,建立安全生产各要素构成的企业安全生产管理体系,使生产经营各环节符合安全生产、职业病防治法律、法规和标准规范的要求,人、机、环、管处于受控状态,并持续改进。

为深入贯彻落实《中华人民共和国安全生产法》,大力推进企业安全生产标准化建设,2012年交通运输部印发并于2016年修订了《交通运输企业安全生产标准化建设评价管理办法》,要求开展境内交通运输企业安全生产标准化建设评价及其监督管理工作。规定交通运输部负责全国交通运输企业安全生产标准化建设工作的指导,具体负责一级评价机构的监督管理。省级交通运输主管部门负责其管辖范围内交通运输企业安全生产标准化建设工作的指导,具体负责二、三级评价机构的监督管理。长江航务管理局、珠江航务管理局分别负责行政许可权限范围内的长江干线、西江干线省际航运企业安全生产标准化建设工作的指导,具体负责二、三级评价机构的监督管理(以上部门和单位统称为主管机关)。

按领域分为道路运输、水路运输、港口营运、城市客运、交通运输工程建设、收费公路运营六个专业类型和其他类型(未列入前六种类型),但由交通运输管理部门审批或许可经营。其中,交通运输工程建设专业类型含交通运输建筑施工企业和交通工程建设项目等类别。交通运输企业安全生产标准化建设等级分为一级、二级、三级,其中一级为最高等级,三级为最低等级。交通运输企业安全生产标准化建设评价工作应坚持"政策引导、依法推进、政府监管、社会监督"的原则。

交通运输企业安全生产标准化建设评价及相关工作应统一通过交通运输企业安全生产标准化管理系统(简称"管理系统")开展。通过购买服务委托管理维护单位,具体承担管理系统的管理、维护与数据分析、评审员能力测试题库维护、评价机构备案和档案管理等日常工作。各省级主管机关可根据需要通过购买服务,委托省级管理维护单位承担相关日常工作。

评价与等级证明颁发。评价机构负责交通运输企业安全生产标准化建设评价活动的组织实施和评价等级证明的颁发。交通运输企业安全生产标准化建设评价包括初次评价、换证评价和年度核查三种形式。等级证明应按照交通运输部规定的统一样式制发,有效期3年。交通运输企业在取得安全生产标准化等级证明后,应根据评价意见和标准要求不断完善其安全生产标准化管理体系,规范安全生产管理和行为,形成可持续改进的长效机制,并接受主管机关、评价机构的监督。

交通运输管理部门应将企业安全生产标准化建设工作情况纳入日常监督管理,通过政府购买服务委托第三方专业化服务机构,对下级管理部门及辖区企业推进企业安全生产标准化建设工作情况进行抽查,抽查情况应向行业通报。

已经取得交通运输企业安全生产标准化评价等级证明的企业,在有效期内发生重大及以上安全生产责任事故,或1年内连续发生2次以上较大安全生产责任事故的,评价机构应对该企业安全生产标准化建设情况进行核查,不满足原等级要求的,应及时撤销其安全生产标准化等级证明。事故等级按照《生产安全事故报告和调查处理条例》(国务院令第493号)和《水上交通事故统计办法》(交通运输部令2014年15号)确定。

负有直接安全生产监督管理职责的交通运输管理部门应对企业安全生产标准化建设评价中发现的重大安全事故隐患及时进行核查,确认后责令企业立即整改,并依法依规追究相应人的责任。部管理维护单位应通过管理系统,按年度向社会公布管辖范围内一级评价机构、评审员3年内违规行为和信用等级汇总情况,以及评价机构所颁发等级证明的企业及其近5年发生等级以上安全生产事故情况。

交通运输管理部门应将交通运输企业安全生产标准化建设情况和评价结果纳入企业安全生产信用评价范围,鼓励引导交通运输企业积极开展安全生产标准化建设。加强对企业安全生产标准化评价结果应用,作为实施分级分类、差异化监管的重要依据;对安全生产标准化未达标或被撤销等级证明的企业应加大执法检查力度,予以重点监管。

在总结安全标准化工作在公路建设领域经验基础上,广东省交通运输厅于2017年印发《广东省高速公路工程施工安全标准化指南》等一系列规范要求,为高速公路建设企业全面落实企业安全生产标准化考评管理办法提供了技术细则,对建设项目安全管理标准化建设产生了极大的推动作用。

4.2.5 交通行业建设项目常规HSE管理要素特点

基于"平安工地、安全生产标准化"的交通行业建设项目常规职业健康和安全管理,从体系实施过程上看,是一种基于问题导向的抓重点环节式管理,非动态过程模式,也非体系化管理模式;有标准化建设考评,非标准化管理;适用的业主、总承包方、施工方,来源多元,不确定性大,组织方式多样,伙伴关系相对松散。体系的主体为建设业主和施工承包方,作为建设项目组织单位和施工企业分别参加考评,不是因一个工程建设,在一起考评。

从其要素结构上看,平安工地包括:①管理理念;②组织结构;③管理行为;④管理手段;⑤管理目标。安全标准化包括:①安全生产责任;②安全生产管理制度;③安全风险评估与预控;④安全生产费用管理;⑤人员与机械设备安全管理;⑥安全培训与文化建设;⑦安全技术管理;⑧安全生产检查;⑨安全应急管理;⑩生产安全事故管理;⑪安全生产内业资料管理;⑫评价与改进。

从其要素组成上看,平安工地包括:①管理理念上,以人为本;②组织结构上,注重团队;③管理行为上,标准化、精细化;④管理手段上,科技和信息化;⑤管理目标上,追求安全、质量、效率、效益的统一。安全标准化:①安全生产责任,一岗双责;②安全生产管理制度,制度化健全;③安全风险评估与预控,识别防控;④安全生产费用管理,清单管理;⑤人员与机械设备安全管理,依规操作;⑥安全培训与文化建设,持续培训;⑦安全技术管理,本质安全;⑧安全生产检查,强化落实;⑨安全应急管理,分级响应;⑩生产安全事故管理,依法合规;⑪安全生产内业资料管理,规范化;⑫评价与改进,持续性。

交通行业基础设施建设的工程品种复杂,交叉和综合性强工,因而面临的风险同时涵盖共性的风险、突发性的风险、多变的风险。工程建设的地点、环境、任务、场所是变动的,设备设施是移动的,人员随着工程的要求重新组合、使得HSE措施有临时性。管理和施工人员组成不稳定,管理层、执行层、作业层人员文化素质差异大,多个不同性质的单位共同施工。工作条件多变、野外作业为主、外部环境恶劣、天气影响、相对工作和生产条件较差。不同的工程难易程度不同,工期长短不同。

从管理范畴来看,"平安工地、安全生产标准化"的交通行业建设项目常规职业健康和安全管理,仅包括职业危害防治管理、安全生产管理,未将施工过程的环境管理纳入,不是职业健康、安全、环(HSE)三位一体的管理。

常规管控内容包括:职业危害场所识别与评价;职业危害场所控制措施与评估;生产过程职业健康保护管理;参建员工个人安全管理;作业机械设备安全运行管理;场所(含临建)结构安全管理;自然环境安全管理;海洋生态环境保护管理;陆域生态环境保护管理;节能减排清洁生产管理。

常规管控对象包括:密闭空间作业环境管控;除锈喷涂作业环境管控;潜水、电气焊工个人防护;高温作业环境管控;职业健康监护档案管理;众多的各种操作工人,船舶、起重等特种作业设备;钢结构加工、拼装场;大型构件运输吊装及安装;海上施工区域通航管控;季风、台风等恶劣气候条件;桥梁、承台、墩身、箱梁预制;储油/发电及易燃易爆危化品管理;船舶防污染管理;海上作业施工废弃物管理;工程疏浚物倾倒作业管理;水环境监测;海洋生物与渔业资源保护措施;陆域加工预制厂"三废"管理等所有公路水运工程建设领域的人员、设备、机械、设施、活动。

常规危害因素包括:机械伤害、起重伤害、高空坠落、淹溺、坍塌、火灾、物体打击、船舶碰撞、各种爆炸、触电、交通事故、灼烫、潜水伤害、海洋污染、职业伤害、爆破伤害、中毒、透水等危害,各危害因素相对突发,经常交织作用。

常规重点环节包括:推进安全管理标准化建设;推进安全生产条件改善;推进监管能力和应急救援水平提升;推进行业监管长效机制建设。

常规管理策略包括:坚持"以人为本、安全第一、预防为主、综合治理"的方针、一岗双责;强化"本质安全"的理念、强化安全生产责任落实、强化安全风险预控措施。

常规体系任务包括:把事故预防作为促进安全生产的主攻方向,把规范安全管理和施工作业行为作为促进安全生产的重要保障,把加强基层、基础工作作为促进安全生产的两个着力点,把科技进步、教育培训、信息化建设作为促进安全生产的三个重要支撑,落实责任,依法监管。

岗位职责的总原则:党政同责、一岗双责、齐抓共管、失职追责;管行业必须管安全,管业务必须管安全,管生产经营必须管安全;尽职照单免责,失职照单问责。分责任:一是要强化企业主体责任;二是要强化建设单位的组织领导责任;三是要强化相关部门的监管责任;四是要严格落实安全事故隐患问责制。

管理模式包括:在管理理念上,更加关注以人为本,把保证人的生命价值作为项目建设成果的主要表征;在组织结构上,更加注重团队优势,各方配合,共抓安全生产;在管理行为上,更加注重标准化建设、精细化管理,把安全生产落实到各个环节;在管理手段上,更加注重科技和信息技术的推广应用,保证项目建设的全过程安全生产可知可控;在管理目标上,更加追求安全、质量、效率、效益的统一。

管理特色主要是"三个强化"和"四个推进":强化"本质安全"的理念;强化安全生产责任落实;强化安全风险预控措施;推进安全管理标准化建设;推进安全生产条件改善;推进监管能力和应急救援水平提升;推进行业监管长效机制建设。

交通运输行业安全生产、职业健康和环境保护常规管理是宽泛和基础要求,不是更具体的组织模式和落实模式,是基于问题导向和共性需要的管理要求集合。交通运输行业工程建设中职业健康、安全和环境保护各级行业管理,职能分属不同部门,使管理政策出台分置。

第 5 章　港珠澳大桥 HSE 管理复杂性分析

港珠澳大桥主体工程的职业健康、安全和环境管理的复杂性,主要体现在工程结构复杂、建设条件复杂、建设管理复杂。其主体工程包括世界上最长的跨海大桥和最长的沉管海底隧道,设计使用寿命达 120 年,技术标准高于同类工程,是中国建设史上里程最长、投资最多、施工难度最大的跨海桥梁。工程规模大,技术难度高,施工周期长、难度大;海上施工船舶/设备众多,特种设备多,且多为大型化船机设备;地处亚热带海洋性季风气候、常年高温潮湿,外海作业受台风影响十分频繁,高温、暴雨易发,不同单位、不同工种在有限的海域环境中交错施工,交叉风险较多;来自不同领域、不同管理水平和管理模式的多家单位同时施工,施工后勤保障难度大(交通、通信、供水、供电、饮食等);作业水域航道是国内最繁忙的海上交通区段之一,最大航运日流量超过 4 000 艘次,水上通航安全管理难度大;该海域设有中华白海豚国家级自然保护区,环境敏感点众多,海洋水质和生物保护要求高,施工废弃物处理难度大;施工人员数量十分庞大,最高峰时施工人员达到五千人以上,长期海上单调施工易引发心理职业健康问题。工程建设复杂性要求,职业健康、安全生产和环境保护管理要有创新,才能满足工程建设的实际需要。

5.1　港珠澳大桥主体工程复杂性

2009 年,港珠澳大桥的设计方案批准实施,即在伶仃洋海面上将建起一座集桥、岛、隧于一体,全长超过 50km,设计寿命 120 年的世界上最复杂的跨海大桥。港珠澳大桥总投资超过 1 000亿元,是一项把香港、珠海、澳门完全连接起来的"超级工程"。港珠澳大桥包含 22.9km 主体跨海桥梁,约 6.7km 沉管海底隧道和连接隧道与桥梁的东西人工岛;桥隧主体工程采用双向 6 车道高速公路标准建设,设计速度为 100km/h,设计汽车荷载等级采用公路-Ⅰ级,同时满足香港《道路及铁路结构设计手册》中规定的荷载要求。

港珠澳大桥东接香港特别行政区,西接广东省珠海市和澳门特别行政区,是"一国两制"框架下粤港澳三地首次合作建设的超大型跨海交通工程。包括三项内容:一是海中桥隧工程;二是香港、珠海和澳门三地口岸;三是香港、珠海、澳门三地连接线。根据达成的共识,海中桥隧主体工程(粤港分界线至珠海和澳门口岸段)由粤港澳三地共同建设;海中桥隧工程香港段

（起自香港石散石湾，止于粤港分界线）、三地口岸和连接线由三地各自建设；大桥由粤、港、澳三地政府组建港珠澳大桥管理局负责建设和运营管理。港珠澳大桥主体桥梁工程主要包括青州航道桥、江海直达船航道桥、九洲航道桥三座通航斜拉桥和20km通航孔桥。三座航道桥设计各有特色，"中国结""海豚""风帆"造型组合成伶仃洋海面上的一道亮丽风景。大桥以6648m的"沉管隧道"、460m"双塔钢箱梁斜拉桥"、用钢量相当于11个鸟巢、多项世界难题、珠海口岸桥头建观景台、澳门口岸设万位停车场等为特色。大桥建成通车后，将大大缩短香港到珠海、澳门三地的时空距离，从香港到珠海澳门驱车仅需30分钟。港珠澳大桥多项技术创下世界纪录，由于三地间的海域名为伶仃洋，因此港珠澳大桥也被称为"跨越伶仃洋的人造奇迹"。

从研究、设计、施工到接近完工，港珠澳大桥历经了十余年的漫长岁月，每一个阶段的成果都得来不易。1983年，香港的建筑师胡应湘最早提出了建造港珠澳大桥想法；2004年3月，港珠澳大桥前期工作协调小组办公室成立，全面启动港珠澳大桥各项建设前期工作；2009年10月，国务院正式批准了港珠澳大桥主体工程可行性研究报告，标志着港珠澳大桥正式进入实施阶段；2009年12月15日，港珠澳大桥正式开工建设；2011年9月，岛隧工程西人工岛最后一个钢圆筒振沉成功，西人工岛顺利成岛；同年12月，东人工岛主体岛壁结构钢圆筒振沉全部告竣，标志着为期七个月的港珠澳大桥岛隧工程人工岛主体岛壁围护工程全部结束，提前10天实现"当年动工、当年成岛"的目标；2015年1月16日，由中铁大桥局承担施工的港珠澳大桥CB05标非通航孔桥承台墩身全部安装完毕，这标志着CB05标海上桥梁下部结构施工圆满完成；2016年6月29日，主体桥梁成功合龙；2016年9月27日，港珠澳大桥主体桥梁正式贯通；2017年5月，港珠澳大桥岛隧工程最终接头沉管安装成功；2017年7月中旬，港珠澳大桥主体工程全线贯通，它美丽的弧线将成为中国最受瞩目的亮丽地标。

港珠澳大桥有很多世界创新的技术。港珠澳大桥被媒体誉为中国乃至世界最具挑战性的项目之一，英国也有权威媒体将港珠澳大桥评选为世界新七大奇迹之一，可见其非比寻常。大桥自2009年12月15日开工建设至今，已获得64项创新技术。开工近7年来，大桥围绕该理念，进行了一系列实践，取得了若干阶段性建设成果。

5.1.1 工程建设目标和建设理念

港珠澳大桥开工典礼时，遵照国务院领导对项目提出的希望，经三地政府同意，管理局确定了目前的建设目标是：建设世界级的跨海通道，成为地标性建筑，为用户提供优质服务。为达到建设目标，针对项目特点，逐步形成了四个建设理念，以指导工程实践。

一是全寿命周期规划，需求引导设计。项目规划不仅考虑建设期需求，更要充分考虑运营管理、维护保养需求，保障整个工程在120年全寿命周期内结构功能满足使用要求且成本最低。

二是大型化、标准化、工厂化、装配化。大面积推行"工厂化生产、机械化装配"的建设思路,化水上施工为陆域加工制造,把工地变成工厂,把构件变为产品,充分保证大桥建设质量和耐久性。

三是立足自主创新,整合全球优势资源。充分利用港澳地区国际化平台,整合全球优势资源,为本工程服务,提高行业技术和装备水平。

四是绿色环保、可持续发展。平衡好质量安全、生态环保与工程建设、项目运营之间的关系,建成世界一流的桥隧工程和绿色高效的交通通道。

5.1.2 创新技术标准

技术标准采用三地"就高不就低"原则。从工程可行性研究开始,在每一个阶段都对技术标准安排了专项研究,吸取、归纳、综合了香港地区及相关国际标准的长处,逐步建立了完整的项目技术标准体系,涵盖设计、施工、运营等各方面。目前已经形成技术标准57项、单项产品标准28项,不仅较好地支撑了工程建设,而且系统地填补了我国外海交通建设技术标准的空白。

5.1.3 人工岛快速成岛

两个人工岛地处开敞海域,岛体全部位于约30m厚的软基之上,是迄今为止我国建设速度最快的离岸人工岛工程(图5-1、图5-2)。共采用120组深插式钢圆筒形成两个人工岛围护止水结构,单个圆筒直径22m,高度达40~50m,重约500t。通过采用该创新技术,两个10万 m^2 的人工岛在215天内即完成了岛体成岛,与传统抛石围堰工法相比,施工效率提高了近5倍,且海床开挖量大幅减少,对海洋的污染也降至最低。

图5-1 东人工岛全景

图5-2 西人工岛最后一个钢圆筒打设

5.1.4 隧道管节工厂化生产

港珠澳大桥海底隧道是我国首条在外海建设的超大型沉管隧道,海中沉管段长达5 664m,由33节管节组成,标准管节长度180m,重约8万t,最大作业水深46m。33个巨型管节全部采用先进的"工厂法"生产(图5-3),在距离隧道轴线约7海里(1海里≈1.852km)的桂山牛头岛预制厂中完成预制,然后整体拖运到工程现场进行沉放。与传统的"干坞法"相比,工厂法可形成流水线生产模式,实现全年365天不间断流水生产,管节预制效率和质量大幅提升,代表了未来大型构件大规模生产的技术趋势。

图5-3 管节预制厂全景

5.1.5 隧道地基处理

隧道近6km的沉管段全部位于软弱地基,地基不均匀沉降直接影响沉管结构安全及防水,是隧道安全建设运营的关键,必须突破常规的施工方式,采用更先进的理念及精细化的施工作业。为此,大规模采用了环保的挤密砂桩地基加固技术,使用量近130万 m^3;采用了复合地基方案,协调地基刚度过渡,斜坡段采用挤密砂桩,中间段为天然地基加抛填块石夯平,管节与地基间铺设碎石垫层;依靠自主研发的大型装备,对基槽开挖、清淤、基床铺设等关键工序进行了高精度施工控制。从目前的监测数据看,基础沉降控制效果十分理想。

5.1.6 沉管浮运安装

一个标准管节重约8万t,犹如一艘航空母舰,且浮运线路位于伶仃洋最繁忙的通航水域,操控难度极大。为此,联合海洋环境预报专业团队,开展了小区域水文气象窗口预报,为浮运沉放各阶段决策提供精确的风浪流条件参数,联合海事部门实施海上临时交通管制和护航,采用11艘大功率全回转拖轮协同作业,总功率超过5万匹(1匹=0.735kW),运输距离12km(图5-4)。自主研发多项专用管节沉放控制和保障设施,包括管节压载系统、深水测控系统、拉合控制系统、管内精调系统、作业窗口管理系统、回淤监测及预警预报系统等,满足了46m水深下的对接精度要求。

图 5-4　管节浮运

5.1.7　桥梁结构装配化施工

桥梁工程包括青州航道桥、江海直达船航道桥、九洲航道桥三座通航孔桥,分别是中国结、海豚塔、风帆塔的景观设计,剩余约20km非通航孔桥均采用钢结构主梁或组合梁,单墩设计,承台深埋的方案,颇具工业化观感,景观效果独特优美。

在我国桥梁施工技术及工业化水平逐步提升的背景下,港珠澳大桥桥梁结构采用了工厂标准化生产、大型装配化施工,将预制构件尺寸尽量做大,通过大型起吊设备现场安装,缩短现场安装作业时间,降低海上施工风险,缩短工期,保证质量。

承台墩身采用整体预制、吊装,深水区非通航孔桥127个承台墩身(最大吊重约3 200t),浅水区非通航孔63个承台墩身(最大吊重约2 400t)全部采用混凝土预制(图5-5),由大型浮吊运输至施工现场进行安装。为减少对河势、航道、水利等的不利影响,非通航孔桥190个承台全部埋入深达8~15m的海床面以下,在国内外桥梁建设中尚属首次,并通过采用新型胶囊

图 5-5　墩台整体预制

Gina 止水带以及钢圆筒围堰干法施工等创新工法,成功解决了因采用埋置式承台而带来的止水和环保难题。

箱梁采用大节段整孔逐跨吊装(图 5-6),钢箱梁共 128 跨,标准节段长 110m,吊装质量最大 3 600t;组合梁分幅设置,共 148 片,标准节段长 85m,单片梁吊装质量约 2 000t。

江海直达船航道桥"海豚型"钢塔高约 110m,重约 3 100t(含吊具),采用大型浮吊一次吊装到位(图 5-7)。

图 5-6　钢箱梁大节段吊装

图 5-7　海豚塔翻身吊装

5.1.8　桥梁钢结构自动化制造

桥梁钢结构制造规模达 42.5 万 t,如此规模在国内尚属首次。为保证制造质量、降低传统工艺的人为影响,港珠澳大桥钢箱梁板单元制造全面采用了自动化、智能化的先进制造工艺和装备,建成了全新的自动化生产线,钢结构所有板单元实现自动化制造,相比传统工艺,生产效率提高了 30% 以上,且质量大幅提升,促进了桥梁产业升级。大节段自动化拼装及板单元自动化制造见图 5-8 和图 5-9。

图 5-8　大节段自动化拼装

图 5-9　板单元自动化制造

5.1.9　材料与装备研发

依托项目研发并采用了 75mm 预应力粗钢棒、120 年 Ω 橡胶止水带、组合梁钢混界面处的防腐橡胶密封条、高阻尼橡胶减隔震支座、T 米 D 调谐质量阻尼器、不锈钢筋及配套体系等一系列新材料新构件,并实现了自主生产,打破了国外技术壁垒,满足了大桥建设的需求。

外海环境下作业,施工装备是关键。自主研发的隧道基础施工核心装备——深水碎石整平船在 40m 水深下整平精度可达到 ±35mm,目前为世界第一;新研制的三艘砂桩船全部实现国产化制造;其他创新装备包括 8 锤联动大型振沉系统、深水自动定位多耙头基槽清淤船、深水无人沉放对接系统等。施工平台研制见图 5-10。

图 5-10　施工平台研制

5.1.10　项目管理

针对项目由粤港澳三地共建共管的特殊性,在现有法律法规基础上,开展了多项尝试。

(1) 研究建立了三地政府共建共管的决策机制以及三地运营管理平台。

(2) 岛隧工程采用设计施工总承包管理模式;桥梁工程则推行大标段,充分发挥承包人资源优势。

(3) 在工程质量管理制度设计上参考引进了香港、澳门地区和国内高铁建设对混凝土生产推行的产品认证制度,实行首制件工程认可制;引进质量管理顾问、试验检测中心、测量中心,充实法人质量管理力量。

(4) 在安全环保管理方面建立了港珠澳大桥职业健康、安全与环境(HSE)一体化管理体系和 HSE 应急保障体系;组建了跨区域环保联络小组;与海事部门紧密协作,全面加强海上通航安全监管。

(5) 建立跨海隧岛桥工程建设期及运营期的节能减排指标体系和评价模型等。

港珠澳大桥的实施将形成一条粤港澳三地人民期盼多年的连接珠江两岸的公路运输通道,必将对完善国家和区域高速公路网络布局,密切珠江西岸地区与香港地区的经济社会联系,促进珠江两岸经济社会的协调发展发挥重大作用。

5.2 港珠澳大桥 HSE 管理复杂性

5.2.1 项目安全和职业健康的复杂性

"安全风险"的具体含义对不同的项目类型、不同阶段、不同的项目业主而有所不同。参照国家安全生产相关规定,同时结合港珠澳大桥建设条件及建设总目标,本次安全风险的范畴为:在设计中采取风险控制和规避的基础上,残留的工程施工和运营阶段的安全管理风险。具体体现在安全、职业健康和环境保护三个方面。

本工程的安全和职业健康风险体现在组成部分(桥梁工程、隧道工程、人工岛工程、临建工程等)的设计、施工全过程,但以施工建设过程为主。风险判别结合《公路桥梁和隧道工程施工安全风险评估指南(试行)》(交通运输部 2011 年 5 月颁布),并根据各分项工程单位分部分项划分,进行总体风险分析。

港珠澳大桥主体工程的沉管隧道是目前世界范围内综合难度最大的沉管隧道之一,超大管节的预制、复杂海洋条件下管节的浮运和沉放,高水压条件下管节的对接以及接头的水密性及耐久性、隧道软土地基不均匀沉降控制等技术极具挑战性;连接沉管隧道的东西人工岛的技术难度也是世界级的,深厚软土的加固处理、人工岛各部分差异沉降的控制、与沉管隧道的连接等技术,都是具有巨大挑战的难题。在风险分析时,其风险复杂等级均为国内外最大的。参考咨询单位开展的安全风险评价,沉管隧道和人工岛安全风险评估等级情况见表 5-1 和表 5-2。

沉管隧道安全风险评估指标　　　　表 5-1

评估指标	分　类	分值	说　明
建设规模 A1	特长(3 000m 以上)	6~8	取值 8,沉管隧道总长 5 900m
	沉管隧道总长 5 000 多米	3~5	
	长(大于 1 000m,小于 3 000m)	2~3	
	短(小于 500m)	0~1	
地质条件 A2	不良地质灾害多发区域	4~6	取值 1,沉管隧道施工海域地质条件较好
	保存不良地质灾害,但不频发或存在特殊性岩土,影响施工安全及进度	2~3	
	地质条件较好,基本不影响施工安全因素	0~1	
气候环境条件 A3	极端气候事件多发区域(洪水、强风、强暴雨雪、台风等)	4~6	取值 6,本工程处于台风多发区
	气候环境条件一般,可能影响施工安全,但不显著	2~3	
	气候条件良好,基本不影响施工安全	0~1	

续上表

评估指标	分 类	分值	说 明
管节断面 A4	特大断面(双向八车道)	5~6	取值4,沉管隧道设计为双向六车道
	大断面(双向六车道)	3~4	
	中断面(双向四车道)	1~2	
	小断面(单洞双向)	0~1	
航道通航等级 A5	通航等级大于50 000t	4~6	取值5,本工程施工航道主要为伶仃航道,通航等级为150 000t
	通航等级3 000~50 000t	2~3	
	通航等级小于3 000t	0~1	
施工工艺成熟度 A6	新技术、新工艺、新设备国内首次应用	2~3	取值3,沉管技术大规模应用较少
	施工工艺较成熟,国内有相关应用	0~1	

人工岛安全风险评估指标　　　　　　　　　　　　　　　表5-2

评估指标	分 类	分值	说 明
建设规模 A1	特大(100 000 m² 以上)	6~8	取值8,根据人工岛建设面积确定建筑规模
	大(大于10 000 m², 小于100 000 m²)	3~5	
	中(大于1 000 m², 小于10 000 m²)	2~3	
	小(小于1 000 m²)	0~1	
地质条件 A2	不良地质灾害多发区域	4~6	取值1,根据人工岛所处海域底质情况评估指标取值
	保存不良地质灾害,但不频发或存在特殊性岩土,影响施工安全及进度	2~3	
	地质条件较好,基本不影响施工安全因素	0~1	
气候环境条件 A3	极端气候事件多发区域(洪水、强风、强暴雨雪、台风等)	4~6	取值4,本工程处于台风多发区
	气候环境条件一般,可能影响施工安全,但不显著	2~3	
	气候条件良好,基本不影响施工安全	0~1	
人工岛过渡段规模 A4	特大断面(双向八车道)	5~6	取值4,根据人工岛过渡段设计情况判断
	大断面(双向六车道)	3~4	
	中断面(双向四车道)	1~2	
	小断面(单洞双向)	0~1	
航道通航等级 A5	通航等级大于50 000t	4~6	取值5,本工程施工航道主要为伶仃航道,通航等级为150 000t
	通航等级3 000~50 000t	2~3	
	通航等级小于3 000t	0~1	
施工工艺成熟度 A6	新技术、新工艺、新设备国内首次应用	2~3	取值2,钢圆筒成岛技术大规模应用较少
	施工工艺较成熟,国内有相关应用	0~1	

港珠澳大桥桥梁工程总长22.9km,可分为通航孔桥、深水区非通航孔桥、浅水区非通航孔桥及人工岛结合部非通航孔桥。对设计方案和相关专题已进行了多层面、多方案综合经济、技术比较,推荐斜拉钢箱梁桥为通航孔桥梁方案;整墩整幅钢箱连续梁为非通航孔桥梁方案(深水区、浅水区采用钢混凝土组合梁),支架现浇分墩分幅预应力混凝土刚构桥梁为"桥岛"结合部桥梁方案。其中,大跨通航孔桥梁、非通航孔桥梁及"桥岛"连接线桥梁占总桥梁总长比例分别约为5%、10%、85%。岛隧工程东人工岛结合部非通航孔桥长385m,岛隧工程西人工岛结合部非通航孔桥长249m;珠澳口岸人工岛与大桥连接桥长235m。海中桥隧工程共设五处通航孔,大濠水道处采用长5990m的海底沉管隧道,青州航道桥采用458m双塔钢箱梁斜拉桥,江海直达船航道桥采用两跨258m钢箱梁斜拉桥,九洲航道桥采用主跨268m钢-混组合梁斜拉桥,香港侧预留通航孔采用3跨150m的连续梁桥,深水区非通航孔桥采用110m连续梁桥,浅水区非通航孔桥采用85m连续梁桥,跨崖13天然气管道非通航孔为150m。参考咨询单位开展的安全风险评价,桥梁工程的安全风险评估等级情况见表5-3。

桥梁安全风险评估指标 表5-3

评估指标	分 类	分值	说 明
建设规模 A1	单孔跨径L_K(总长L)超过或达到国内外同类桥型最大单孔跨径L_K(总长L)	6~8	取值8,跨海桥梁总长22.9km
	$L_K>150m$或$L>1000m$	3~5	
	$100m<L<1000m$或$40m<L_K<150m$	2~3	
	$L<100m$或$L_K<40m$	0~1	
地质条件 A2	不良地质灾害多发区域	4~6	取值3,跨海桥梁地质条件中等
	保存不良地质灾害,但不频发或存在特殊性岩土,影响施工安全及进度	2~3	
	地质条件较好,基本不影响施工安全因素	0~1	
气候环境条件 A3	极端气候事件多发区域(洪水、强风、强暴雨雪、台风等)	4~6	取值为4,本工程处于台风多发区
	气候环境条件一般,可能影响施工安全,但不显著	2~3	
	气候条件良好,基本不影响施工安全	0~1	
桥梁断面规模 A4	特大断面(双向八车道)	5~6	取值4,设计为双向六车道
	大断面(双向六车道)	3~4	
	中断面(双向四车道)	1~2	
	小断面(单洞双向)	0~1	
航道通航等级 A5	通航等级大于50 000t	4~6	取值5,本工程施工航道主要为伶仃航道,通航等级为150 000t
	通航等级3 000~50 000t	2~3	
	通航等级小于3 000t	0~1	
施工工艺成熟度 A6	新技术、新工艺、新设备国内首次应用	2~3	取值1,海桥技术应用较多
	施工工艺较成熟,国内有相关应用	0~1	

根据公路工程施工安全总体风险分级标准(表5-4),沉管隧道、人工岛和桥梁工程的安全风险评估等级均为极高级。

公路工程施工安全总体风险分级标准　　　　　　　　　　　　表5-4

等级编号	风险等级	计算分值 R
Ⅳ	等级(极高风险)	14分及以上
Ⅲ	等级(高度风险)	8~13分
Ⅱ	等级(中度风险)	5~8分
Ⅰ	等级(低度风险)	0~4分

5.2.2 项目环境复杂性、难点

根据港珠澳大桥主体工程设计、施工组织和相关环境专题研究报告等资料,项目所在区域的环境条件及其影响分析见表5-5。一方面,项目区工程建设条件较为复杂,对工程施工带来较多的安全风险;另一方面,项目区环境质量较为敏感,以中华白海豚及其海域水环境质量为主的生态环境质量保护目标,也是工程建设中应该保护的重点内容,而且也是受港方重点关注的内容。环境特征的复杂性、工程组成的复杂性、建设条件的复杂性,为项目的环境管理带来了极大的挑战。

项目管理环境条件及影响　　　　　　　　　　　　表5-5

类别	序号	风险源	说明
管理过程	1	环境因素管理	环境因素对整个施工过程的安全管理存在很大影响
桥梁工程	2	地质条件	浅气层风险:地质钻探揭示桥位区存在有机屏蔽区(浅气层),施工时若浅气层发生喷涌,必将对桥梁基础施工产生较大的危害; 地下水和海水腐蚀风险:腐蚀性对结构安全耐久产生风险
	3	水文条件	潮汐特征值风险:统计资料相对缺乏,对相应桥位区的潮汐特征值的准确性风险; 主槽变动风险:伶仃水道深槽与铜鼓浅滩分汊水道汇聚处上游滩槽发生较大演变时,侵蚀冲刷将破坏下游海床的稳定性
	4	气候条件	不良天气(降雨、台风、雷电等)影响工期风险:桥位所处区域降水量多且强度大,主要集中在4~9月,对桥梁施工组织安排有影响; 热带气旋风险:桥位处热带气旋具有强度高、频率高、灾害重等特点,对施工与工程船舶的安全影响大
	5	通航条件	航槽变动风险:铜鼓航道航槽仍在发展、变动之中; 墩位附近紊流风险:紊流对靠近紊流区的较小船舶有一定的通行风险; 恶劣天气引起船撞风险:存在台风、大浪、大雾等灾害天气引发船舶偏离正常航道,对桥墩产生撞击的风险; 施工期间船舶撞击风险:伶仃洋海域交通繁忙,施工期间临时设备、人员、大型船只众多,存在与交通运输船只碰撞风险

续上表

类别	序号	风险源	说明
桥梁工程	6	施工方案	防腐涂装施工风险：钢结构内外防腐涂装量达400万 m^2，钢结构涂装维护及其可能对环境所带来的影响； 预制承台墩身安装风险：受波浪、水流等作用力的影响，预制承台墩身与钢套箱一起安装定位存在较大困难，纠偏难度大
隧道工程	7	建设条件	潮流对隧道施工的风险：基槽开挖、风暴潮引起的浑水重度变化对已沉放沉管抗浮不足的风险
隧道工程	8	浮运、沉放施工	本工程基槽开挖、临时航道疏浚等工程量巨大，开挖及抛泥过程中环保措施不到位，易造成大范围的污染等； 浮运、沉放施工安全问题：沉管浮运过程遭遇恶劣天气或意外海事导致浮运沉管失控，隧址周边通航安全； 沉管浮运影响航运甚至发生碰撞的风险：隧址处航道繁忙，通航船只多，而沉管基槽开挖、基础、浮运沉放、回填覆盖等有大量船只施工，沉管浮运影响航运甚至发生碰撞的风险，如遭遇恶劣天气或意外海事导致浮运沉管失控，如失控的浮运沉管与油轮或化学危险品海轮相撞后果不可想象
隧道工程	9	灾害性气候施工	灾害性气候施工人员的疏散安置和海上施工设备人员的组织管理； 深水作业的人员安全：超过40kPa水压海洋条件下人员安全
隧道工程	10	沥青路面施工风险	本项目沉管隧道长近6km，属特长隧道，洞内空间相对封闭，通风和采光条件相对较差。施工中由于通风不畅，可能导致高温沥青混合料散发有毒气体对施工人员造成危害或对施工人员造成意外烫伤等
人工岛工程	11	建设条件	波浪：2007年4月至2008年3月观测最大波高 $H_m=6.08m$，易造成施工期作业困难，破坏人工岛岛壁防浪结构。 暴雨：降水极值主要出现在4至10月，目前降水极值香港为534.1mm（1926年7月），1小时降水极值香港为109.9mm（1992年5月8日），主要可能造成岛体基坑失稳、坑内积水抽排，甚至造成设备、人员的损失。 台风：大风主要来自于热带气旋（台风）造成，该区域已记录的历史最大阵风为71.9m/s（香港天文台记录，1962年9月1日6213号台风），易造成作业船只、人员损失。 龙卷风：小尺度强对流天气，其范围小，持续时间短，但破坏力巨大，时间和空间随机性强。1951~2003年工程区域附近共出现龙卷风113次。易造成作业船只、人员损失。 雷击：香港气象站记录的年平均雷暴日为33.4d，主要集中出现在4~9月，约占全年的89%~93%。易造成作业船只、人员损失。11月至翌年1月较少出现雷暴天气。 通航：人工岛壁采用抛石斜坡堤结构，施工阶段对通航安全存在较大影响。前期阶段岛心陆域未形成时抗撞能力较差，遭大型船只撞击时可能损伤甚至是破坏岛壁结构。 人工岛基底清淤、开挖、打桩、疏浚等工程量巨大，抛泥过程中环保措施不到位，易造成大范围的水质污染和底栖生物侵害等

续上表

类别	序号	风险源	说明
临建工程安全风险	12	施工营地建设	施工营地是工程建设的保障基础和形象,营地建设不当将对环境造成不利影响,影响建设者的身心健康,增加工程建设管理难度等
	13	施工技术	系泊区及临时码头安全风险:坞口实测流速最大达1.74m/s,如遇风暴潮等特殊情况下,将对沉管系泊影响较大。岛上所需供应的机具、材料量非常巨大,管段预制混凝土100多万m^2,钢材30多万t,水泥、碎石、砂、钢材等材料均需要通过码头水运供应,海上运输量大,受气候条件的影响大,进而工期风险; 临时航道安全风险:临时航道与主航道的交通组织不当风险。管节的浮运距离超过20km,浮运过程中管节的控制、水流对管节纵向受力以及浮运对既有航道的影响; 干坞石方爆破开挖及水下炸礁的产业环境噪声及悬浮物影响

5.2.3 项目 HSE 管理总体复杂性

港珠澳大桥主体工程是海中桥-岛-隧工程,建设技术复杂,投资巨大,建设周期长,建设期将对原有的水上环境造成较大的改变。本工程建设具有生产流动性、施工多样性、综合协调性和劳动密集型特点,其建设过程中一系列的安全生产管理(本书中无特别说明,安全均指职业健康、安全和环保方面的风险问题)具有多方面特点。

(1)工程环境特点:海洋气候多变(热带风暴、气旋、季候风)、地质水文条件复杂,海上通航环境繁忙,海洋环境保护要求高,环境敏感区域多。其建设过程常受到台风、暴雨、雷电、高温、水文、地质、航道保障、海洋环保等自然、人员、设备、排放物质等因素的影响,有害环境因素多。

(2)工程施工特点:工程规模大,工程组成包括海中桥梁、海中人工岛、长大海底隧道等,技术难度高,施工周期长、难度大;海上施工船舶/设备众多,特种设备多,且多为大型化船机设备;不同单位、不同工种在有限的海域环境中交错施工,交叉风险较多;施工过程施工人员众多,施工后勤保障难度大(交通、通信、供水、供电、饮食等);海洋环境敏感,施工废弃物处理难度大。

(3)施工 HSE 监管复杂:海上施工过程比陆地工程更难监管,工程涉及大量钢结构和沉管的预制化,施工范围大,安全生产监管的任务繁重;跨海工程往往衔接不同的行政区域,管理协调难度大。施工过程的高空作业、受限空间作业、水上作业、动火动电作业、高速移动作业、易燃易爆作业等相比其他工程更密集,极易产生火灾、爆炸、坠落、坍塌、淹溺、物体打击、机械伤害、中毒、触电、车辆伤害、传染病、砍伤、摔伤、砸伤、碰伤等安全事故;来自不同领域、不同管理水平和管理模式的多家单位同时施工,工程建设的安全生产管理面临着极大的挑战。

(4)工程建设期对通航环境的影响巨大,水上通航安全管理难度大。工程建设施工阶段,大量的施工作业船机设备(钻探、运输、吊装)及施工作业平台、工程构造物沿工程走向呈多线性布设,长时间的大型水上施工作业活动对航运安全影响巨大;恶劣气候条件下施工船舶避风处置及特殊作业施工阶段的管控措施(临时封航、航路调整等),大理沉管浮运加大了通航安全管控难度。对永久性的工程构造物(桥墩、人工岛、海底隧道)防撞保护亦是项目水域水上交通安全管控的重中之重。建设过程中需要陆上交通和海上交通的共同保障支撑,施工区域的道路运输和海上航道十分繁忙。

5.3 港珠澳大桥 HSE 风险管理分析

5.3.1 项目安全和职业健康管理风险

对总体风险等级在 III 级(高度风险)及以上的工程,纳入较大风险施工辨识范围,根据总体风险评估情况,提出专项风险评估中需要重点评估的风险源。在进行较大风险施工辨识前,首先,应按照施工组织设计所确定的施工工法,分解施工作业程序,结合工序(单位)作业特点、环境条件、施工组织等致险因子,辨识施工作业活动中典型事故类型,从而建立风险源普查清单,并通过风险分析和估测,确定重大风险源。其次,评估重大风险源的风险等级,并对照风险可接受准则确定相应的风险控制措施。专项风险评估的基本程序包括:风险源普查、辨识、分析,并针对重大风险源进行估测、控制。参考安全顾问单位开展的分析工作,施工作业活动较大风险辨识一般分解到分部分项工程如表5-6,重点要害部位确定主要分布区域如表5-7。

港珠澳大桥较大风险施工主要分布　　　　　　　　　　表 5-6

序号	单位(单元)	较大风险施工
1	岛隧工程	钢圆筒浮运与打设
		高压旋喷桩施工
		岛上临时用电
		暗埋段基础
		敞开段、暗埋段支架、模板搭设拆除作业
		大型起重设备安装、拆除
		隧道内作业
		支架、模板工程
		厂房建设
		坞门爆破作业
		油库储存
		混凝土浇筑工程
		钢筋加工
		预设、预埋件加工与安装

续上表

序号	单位(单元)	较大风险施工
1	岛隧工程	一次舾装
		管节试漏、横移、系泊作业
		潜水作业
		基槽、航道开挖
		大型构件拖带
		二次舾装
2	钢结构制造与桥位连接（CB01标）	钢箱梁节段拼装
		构件厂内运输
		涂装作业
		桥位连接、环缝焊处理
		临时用电
		大型起重设备安装、拆除
		油库储存
		厂房建设
3	钢结构制造与桥位连接（CB02标）	钢箱梁节段拼装
		构件厂内运输
		涂装作业
		桥位连接、环缝焊处理
		临时用电
		大型起重设备安装、拆除
		油库储存
		厂房建设
4	桥梁工程下部结构施工（CB03标）	构件厂内运输
		钢筋、支架、模板、混凝土工程
		墩身、承台安装
		钢箱梁安装
		大圆筒安装、拆除
		施工升降机、起重设备安装拆除施工
		预应力施工
		临时用电
		桩基施工
		油库储存
		潜水作业
		厂房建设
		大型构件拖带

续上表

序号	单位(单元)	较大风险施工
5	桥梁工程下部结构施工（CB04标）	构件厂内运输
		钢筋、支架、模板、混凝土工程
		墩身、承台安装
		钢箱梁安装
		围堰安装、拆除
		预应力施工
		临时用电
		桩基施工
		大型起重设备安装、拆除
		油库储存
		厂房建设
		潜水作业
		临时航道
		大型构件拖带
		索塔安装施工
6	桥梁工程下部结构施工（CB05标）	构件厂内运输
		钢筋、支架、模板、混凝土工程
		墩身、承台安装
		组合梁安装
		围堰安装、拆除
		预应力施工
		临时用电
		桩基施工
		大型起重设备安装、拆除
		油库储存
		厂房建设
		大型构件拖带
		索塔安装施工
		组合梁节段拼装
		涂装作业
		桥位连接、环缝焊处理
		箱梁支架现浇
7	桥面铺装（CB06标）	MMA储存、使用
		临时用电
		厂内机动车使用
		沥青熔化罐作业
		柴油储存

续上表

序号	单位(单元)	较大风险施工
8	桥面铺装(CB07标)	MMA储存、使用
		临时用电
		厂内机动车使用
		沥青熔化罐作业
		柴油储存
9	房建工程	基坑开挖
		脚手架搭建、拆除
		起重作业
		临时用电
		高处作业
		混凝土工程
		支架、模板工程
		柴油储存
10	交通工程	受限空间作业
		高处作业
		临水作业

港珠澳大桥重点要害部位主要分布 表5-7

序号	单位(单元)	重点要害部位
1	岛隧工程	岛隧工程人工岛岛体结构
		人工岛敞开段、暗埋段
		岛桥结合部非通航孔桥
		预制厂
		预制沉管
		沉管安装、浮运区
2	钢结构制造与桥位连接(CB01标)	钢箱梁拼装厂房
		钢箱梁涂装厂房
		大型钢构件海上加工作业区
3	钢结构制造与桥位连接(CB02标)	钢箱梁拼装厂房
		钢箱梁涂装厂房
		大型钢构件海上加工作业区
4	桥梁工程下部结构施工(CB03标)	墩身、承台预制厂
		非通航孔桥施工区
		主通航孔桥施工区
5	桥梁工程下部结构施工(CB04标)	墩身、承台预制厂
		非通航孔桥施工区
		主通航孔桥施工区

续上表

序号	单位(单元)	重点要害部位
6	桥梁工程下部结构施工（CB05标）	组合梁拼装厂房
		组合梁涂装厂房
		墩身、承台预制厂
		非通航孔桥施工区
		主通航孔桥施工区
		口岸连接桥、收费桥施工区
7	桥面铺装（CB06标）	MMA储存区
		MMA铺设区
		沥青熔化车间
		柴油储存区
8	桥面铺装（CB07标）	MMA储存区
		MMA铺设区
		沥青熔化车间
		柴油储存区
9	房建工程	地基与基础
		主体结构

施工作业程序分解后，通过相关人员调查、评估小组讨论、专家咨询等方式，分析评估单元中可能发生的典型事故类型，并形成风险源普查清单。施工作业活动与典型事故类型对照见表5-8。

主要施工作业活动与典型事故类型　　　　　　　表5-8

序号	单位(单元)	重点要害部位	施工作业	坍塌	起重伤害	物体打击	高处坠落	机械伤害	触电	淹溺	车辆伤害	中毒窒息	容器爆炸
1	岛隧工程	Ⅰ工区	钢圆筒浮运与打设	√		√	√						
			高压旋喷桩施工	√		√		√					
			施工船舶通航							√			
			岛上临时用电						√				
			暗埋段基础	√	√	√	√						
			敞开段、暗埋段支架、模板拆除	√	√	√	√	√					
			大型起重设备安装、拆除		√	√	√	√					
			隧道内作业		√	√	√					√	
			桩基础工程		√	√	√		√				
			支架、模板工程	√	√	√	√	√					

续上表

序号	单位(单元)	重点要害部位	施工作业	事故类型								
				坍塌	起重伤害	物体打击	高处坠落	机械伤害	触电	淹溺	车辆伤害	中毒窒息	容器爆炸
1	岛隧工程	Ⅰ工区	上部结构现浇			√	√						
			混凝土浇筑工程	√		√	√						
			钢筋加工	√	√		√	√					
			油库储存										√
			大型设备安装调试		√	√	√	√					
			预设、预埋件加工与安装			√	√						
		Ⅱ工区	钢圆筒浮运与打设	√		√	√						
			高压旋喷桩施工	√				√					
			施工船舶通航							√			
			抛石、回填砂				√						
			岛上临时用电						√				
			暗埋段基础	√	√	√	√	√					
			敞开段、暗埋段支架、模板拆除	√	√	√	√	√					
			大型起重设备安装、拆除	√	√	√	√						
			混凝土工程			√	√	√			√		
			桩基础工程		√	√	√	√	√				
			支架、模板工程	√	√	√	√	√					
			上部结构现浇			√	√						
			临时工程			√	√						
			混凝土浇筑工程			√	√						
			钢筋加工	√	√		√						
			油库储存区										√
			大型设备安装调试		√	√	√						
			预设、预埋件加工与安装			√	√						
			箱梁支架现浇法施工	√	√	√	√						
			预应力施工	√	√	√							
		Ⅲ工区	施工船舶通航							√			
			临时用电						√				
			大型起重设备安装、拆除	√	√	√	√						
			混凝土工程			√	√			√			
			支架、模板工程	√	√	√							
			临时工程	√		√	√						

第5章 港珠澳大桥HSE管理复杂性分析

续上表

序号	单位(单元)	重点要害部位	施工作业	坍塌	起重伤害	物体打击	高处坠落	机械伤害	触电	淹溺	车辆伤害	中毒窒息	容器爆炸
1	岛隧工程	Ⅲ工区	混凝土浇筑工程	√		√	√						
			钢筋加工	√	√		√	√					
			油库储存区										√
			大型设备安装调试		√	√	√						
			预设、预埋件加工与安装			√	√						
			厂房建设	√	√	√	√				√		
			坞门爆破作业										√
			厂房强弱电工程						√				
			一次舾装			√	√						
			二次舾装	√	√	√			√				
			箱梁支架现浇法施工	√	√	√							
			预应力施工		√	√							
			管内临时作业			√	√						
		Ⅳ工区	大型起重设备安装、拆除	√	√	√	√						
			大型设备安装调试		√	√	√						
			基槽、航道开挖							√	√		
			临时航道							√	√		
		Ⅴ工区	大型设备安装调试		√	√	√						
			大型起重设备安装、拆除	√	√	√	√						
			管节试漏、横移、系泊作业		√	√							
			潜水作业							√			
			大型构件拖带					√					
			临时航道							√			
2	钢结构制造与桥位连接（CB01标）	中山拼装厂	大型起重设备安装、拆除	√	√	√	√	√					
			厂房建设	√	√	√	√				√		
			油库储存区										√
			大型设备安装调试		√	√	√						
			厂房强弱电工程						√				
			钢箱梁节段拼装	√	√	√							
			构件厂内运输			√	√						
			涂装作业									√	√
			临时用电						√				

79

续上表

序号	单位(单元)	重点要害部位	施工作业	事故类型								
				坍塌	起重伤害	物体打击	高处坠落	机械伤害	触电	淹溺	车辆伤害	中毒窒息	容器爆炸
2	钢结构制造与桥位连接（CB01标）	桥位连接与安装	桥位连接、环缝焊处理		√	√						√	√
			油库储存区										√
			临时用电						√				
		通航孔桥	主塔钢结构海上加工		√	√	√						
3	钢结构制造与桥位连接（CB02标）	中山拼装厂	大型起重设备安装、拆除	√	√	√	√						
			厂房建设	√	√	√					√		
			油库储存区										√
			大型设备安装调试		√	√	√						
			厂房强弱电工程						√				
			钢箱梁节段拼装	√	√	√							
			构件厂内运输			√		√					
			涂装作业									√	√
			临时用电						√				
		桥位连接与安装	桥位连接、环缝焊处理		√	√						√	√
			油库储存区										√
		通航孔桥	主塔钢结构海上加工		√	√	√						
4	桥梁工程下部结构施工（CB03标）	东莞预制厂	大型起重设备安装、拆除	√	√	√	√						
			临时用电						√				
			油库储存区										√
			大型设备安装调试		√	√	√						
			预设、预埋件加工与安装				√						
			构件厂内运输			√		√					
			预应力施工	√		√	√						
			钢筋、支架、模板、混凝土工程	√	√	√	√						
			施工船舶通航							√			
			临时用电						√				
			油库储存区										√
		非通航孔桥工区	混凝土浇筑工程	√		√							
			钢筋加工	√	√		√						
			预设、预埋件加工与安装				√	√					
			临时航道							√	√		
			潜水作业							√	√		

续上表

| 序号 | 单位(单元) | 重点要害部位 | 施工作业 | 事故类型 |||||||||
				坍塌	起重伤害	物体打击	高处坠落	机械伤害	触电	淹溺	车辆伤害	中毒窒息	容器爆炸
4	桥梁工程下部结构施工（CB03标）	非通航孔桥工区	大型构件拖带					√		√			
			墩身、承台安装	√	√	√	√	√					
			钢箱梁安装	√	√	√	√	√					
			围堰安装、拆除	√	√	√	√	√		√			
			桩基础工程		√	√	√	√		√			
		青州航道桥工区	施工船舶通航							√			
			临时用电						√				
			大型起重设备安装、拆除	√	√	√	√	√					
			油库储存区										√
			钢筋、支架、模板、混凝土工程	√	√	√	√	√					
			临时工程	√			√	√					
			大型设备安装调试			√	√	√					
			预设、预埋件加工与安装				√	√					
			潜水作业						√	√			
			大型构件拖带					√		√			
			临时航道							√			
			围堰安装、拆除	√	√	√	√	√					
			钢箱梁安装		√	√	√	√					
			施工升降机、起重设备安装拆除	√	√	√	√	√					
			预应力施工		√	√	√	√					
			桩基础工程			√	√	√		√			
5	桥梁工程下部结构施工（CB04标）	中山预制厂	大型起重设备安装、拆除	√	√	√	√	√					
			临时用电						√				
			油库储存区										√
			大型设备安装调试			√	√	√					
			预设、预埋件加工与安装				√						
			构件厂内运输			√							
			预应力施工	√	√	√	√						
			钢筋、支架、模板、混凝土工程	√	√	√	√	√					
		非通航孔桥工区	施工船舶通航							√			
			临时用电						√				
			油库储存区										√

续上表

序号	单位(单元)	重点要害部位	施工作业	坍塌	起重伤害	物体打击	高处坠落	机械伤害	触电	淹溺	车辆伤害	中毒窒息	容器爆炸
5	桥梁工程下部结构施工（CB04标）	非通航孔桥工区	混凝土浇筑工程	√		√	√						
			钢筋加工	√	√	√	√						
			预设、预埋件加工与安装			√	√						
			临时航道						√	√			
			大型构件拖带					√		√			
			墩身、承台安装	√	√	√	√						
			钢箱梁安装		√	√	√						
			围堰安装、拆除	√	√	√	√						
			桩基础工程		√	√	√						
			潜水作业						√	√			
		江海直达桥工区	施工船舶通航							√			
			临时用电						√				
			大型起重设备安装、拆除	√	√	√	√	√					
			油库储存区										√
			钢筋、支架、模板、混凝土工程	√	√	√	√	√					
			临时工程	√									
			大型设备安装调试		√		√	√					
			预设、预埋件加工与安装			√	√						
			潜水作业						√	√			
			大型构件拖带					√		√			
			临时航道						√	√			
			围堰安装、拆除	√	√	√	√						
			钢箱梁安装	√	√	√	√	√					
			预应力施工	√	√	√	√						
			索塔安装施工	√	√	√	√	√					
			桩基础工程	√	√	√							
6	桥梁工程下部结构施工（CB05标）	中山预制厂	大型起重设备安装、拆除	√									
			临时用电						√				
			油库储存区										√
			大型设备安装调试		√	√	√						
			预设、预埋件加工与安装				√	√					
			构件厂内运输			√		√					

续上表

序号	单位(单元)	重点要害部位	施 工 作 业	坍塌	起重伤害	物体打击	高处坠落	机械伤害	触电	淹溺	车辆伤害	中毒窒息	容器爆炸
6	桥梁工程下部结构施工（CB05标）	中山预制厂	预应力施工	√	√	√	√	√					
			钢筋、支架、模板、混凝土工程	√	√	√	√	√	√				
			组合梁节段拼装	√	√	√							
			涂装作业									√	√
			桥位连接、环缝焊处理			√	√					√	
		非通航孔桥工区	施工船舶通航							√			
			临时用电						√				
			油库储存区										√
			混凝土浇筑工程	√		√	√						
			钢筋加工		√	√		√					
			预设、预埋件加工与安装				√	√					
			临时航道							√	√		
			大型构件拖带					√		√			
			墩身、承台安装	√	√	√	√	√					
			围堰安装、拆除	√	√	√	√			√			
			组合梁安装	√	√	√	√						
			桩基础工程		√	√				√			
			潜水作业							√	√		
		九洲航道桥工区	施工船舶通航							√			
			临时用电						√				
			大型起重设备安装、拆除	√	√	√	√	√					
			油库储存区										√
			钢筋、支架、模板、混凝土工程	√	√	√	√	√					
			临时工程	√	√	√							
			大型设备安装调试		√	√		√					
			预设、预埋件加工与安装				√	√					
			潜水作业							√	√		
			大型构件拖带					√					
			临时航道							√	√		
			围堰安装、拆除	√	√	√	√			√			
			组合梁安装	√	√	√	√						
			预应力施工	√	√	√	√	√					

续上表

序号	单位(单元)	重点要害部位	施工作业	事故类型								
				坍塌	起重伤害	物体打击	高处坠落	机械伤害	触电	淹溺	车辆伤害	中毒窒息	容器爆炸
6	桥梁工程下部结构施工（CB05标）	九洲航道桥工区	索塔安装施工	√	√	√	√	√	√	√			
			桩基础工程		√	√	√	√		√			
		珠澳口岸人工岛施工区	施工船舶通航							√			
			临时用电						√				
			大型起重设备安装、拆除	√	√	√	√	√					
			桩基础工程		√	√	√	√		√			
			大型设备安装调试		√	√	√	√					
			预设、预埋件加工与安装			√	√	√					
			钢筋、支架、模板、混凝土工程	√	√	√	√	√					
			预应力施工	√	√	√	√						
			箱梁支架现浇法施工	√	√	√	√						
			油库储存区										√
7	桥面铺装（CB06标）	MMA储存区	MMA储存									√	√
		MMA铺设区	MMA铺设			√	√					√	
			厂内机动车使用								√		
		沥青熔化间	沥青熔化罐作业				√					√	
		柴油储存区	柴油储存										√
8	桥面铺装（CB07标）	MMA储存区	MMA储存									√	√
		MMA铺设区	MMA铺设			√	√					√	
			厂内机动车使用								√		
		沥青熔化间	沥青熔化罐作业				√					√	
		柴油储存区	柴油储存										√
9	房建工程	地基与基础	基坑开挖	√	√	√	√	√					
			桩基施工		√	√	√	√					
			混凝土工程			√	√						
			钢筋加工			√	√						
			支架、模板工程	√	√	√	√	√					
			脚手架搭建与拆除	√	√	√	√						
			起重作业			√							
			临时用电						√				
			高处作业				√						

续上表

序号	单位(单元)	重点要害部位	施工作业	事故类型									
				坍塌	起重伤害	物体打击	高处坠落	机械伤害	触电	淹溺	车辆伤害	中毒窒息	容器爆炸
9	房建工程	地基与基础	柴油储存										√
		主体结构	脚手架搭建与拆除	√	√	√	√	√					
			混凝土工程				√	√					
			钢筋加工	√	√		√	√					
			支架、模板工程	√	√	√	√						
			起重作业			√							
			临时用电						√				
			高处作业				√						
			柴油储存										√
10	交通工程	交通工程施工区	受限空间作业			√		√				√	
			高处作业				√						
			临水作业							√			

工程建设中的职业健康和安全风险,应从人工、机械、材料、工法、环境等方面对可能导致事故的致险因子进行分析,重点包括以下几个方面:

(1)致险因子,包括:

①人员活动、作业能力及其他因素;

②作业场所内设施、设备及物料等;

③作业场所外对施工人员安全的影响。

(2)可能受到事故伤害的人员类型,包括:

①作业人员本身;

②同一作业场所的其他作业人员;

③周围其他人员。

(3)事故发生原因,包括:

①机械设备故障;

②人为失误;

③自然灾害等。

(4)人为伤害程度,包括:

①死亡;

②重伤;

③轻伤。

分析致险因子时应找出可能导致事故发生的物的不安全状态和人的不安全行为。不安全状态和不安全行为分类见国家标准《企业职工伤亡事故分类》(GB 6441)。

5.3.2 项目环境管理风险

根据港珠澳大桥主体工程设计、施工组织和相关环境专题研究报告等资料,以及与业主、咨询、设计方沟通情况等,对项目的残留环境风险进行辨识,可能的环境管理风险见表5-9。

工程建设的环境管理风险 表5-9

序号	风险源	说明
1	中华白海豚生境减少	本工程主线位于穿越国家重点保护野生动物中华白海豚的保护区,但环评表明,其栖息范围并不限于保护区
2		桥梁桥墩、人工岛永久用海,使中华白海豚生境永久性地减少
3		沉管隧道水中作业、桥梁、人工岛、码头施工,海沙开采、疏浚物抛卸,泥沙扩散,施工区及其扩散区水质下降;施工机械作业噪声、振动和施工船舶噪声干扰;施工船舶意外泄油事故污染等这些因素的独立或综合影响,均可使中华白海豚离开其习惯栖息区域,生境临时性地减少
4	底栖生物资源丧失,降低食物保障	桥梁桥墩、人工岛永久用海,吹填海沙开采、疏浚物抛卸临时用海,用海区底栖生物永久或暂时丧失,鱼类饵料资源量减少,降低中华白海豚食物保障,从而其生境受到压缩
5	中华白海豚受到污染或意外伤害的概率增加	施工期,持续的施工作业、运输船舶噪声干扰,可能使中华白海豚声呐定位系统工作疲劳,敏捷性下降,受到施工运输船舶的意外伤害
6		珠江口海域是我国水运业最发达、最繁忙的水域,同时也是通航环境最复杂的水域,航线多、船舶交汇频繁,船舶事故频发,工程的修建,使该水域在桥、岛影响区水动力环境更趋复杂,发生撞墩或相互碰撞导致水域污染的概率增加,从而导致中华白海豚栖息水域受到污染威胁或意外伤害的概率增加
7	栖息地破碎化	本工程规模浩大,工期长达75个月,某个具体点位的施工作业其影响从局部看可能是孤立的,但线性工程施工是多点同步进行的,则局部孤立影响可能具有叠加性,从而可能对工程路线两侧中华白海豚的交流造成影响
8		运营期,桥上大型车的比例较大,桥梁振动通过桥墩入水,水声环境改变,可能在两墩间形成"声闸"效应,导致中华白海豚栖息地破碎化,这种影响有待进一步研究和运营后监测
9	桥上危险品运输事故对中华白海豚栖息地的污染	由于风、雨、雾等自然原因和人为因素,事故是不可避免的,一旦事故发生在运输危险品的车辆上,可能对中华白海豚栖息地造成显著污染。无论桥上采取多么完善的防撞、拦截措施,只能减缓而不能消除事故污染威胁
10	大量挖泥、抛泥对环境污染风险	本工程基槽开挖、人工岛基底清淤、临时航道疏浚等工程量巨大,如开挖及抛泥过程中环保措施不到位,易造成大范围的污染等
11	钢结构涂装维护及其可能对环境所带来污染的风险	本项目桥梁主体钢结构内外防腐涂装量在400万 m^2 之上,这一大规模的钢结构涂装维护及其可能对环境所带来的风险也是很大的
12	大面积开挖和回填的沉管建设方案对环境的冲击风险	沉管建设方案必须实施大面积开挖和回填,对中华白海豚自然保护区的综合环境生态影响有可能存在风险

第6章 港珠澳大桥主体工程 HSE 管理体系

港珠澳大桥主体工程 HSE 体系化管理是风险管理复杂性、落实跨区域多方管理规定、落实 HSE 高规格要求、管理创新的需要。工程建设采用了多种新工艺、新方法,其配套的安全、健康、环保措施也要相应的有所创新。HSE 的风险管控对象、风险管控技术、风险管控内容、风险管控模式都需要创新。借鉴标准化管理规范,结合行业管理实践,通过改进融合,建立了一个能够覆盖工程建设过程,与工程质量管理体系等有机融合成,并有效运行的集约化管理模式。该模式以建设项目业主为主体、各参建单位为组成部分的 HSE 管理体系,明确了构成要素和各类重大风险控制环节,提出了管理多个单元、多个组织、多个领域的控制程序和作业规程,并要求工程承包单位建立相应标段的 HSE 管理体系,首次在交通领域重大工程开展了 HSE 体系应用的系统示范。通过研究和实践,该 HSE 体系管理特色可归纳为"1431 模式"。HSE 管理体系进一步推动了 HSE 体系与工程建设各环节的紧密结合,落实了实施体系的各项制度和程序要求,建立了风险控制的适应性机制,减少了安全、职业卫生和环境事故的发生,为复杂工程的成功建设提供了保证。

6.1 体系的引入

6.1.1 体系引入的必要性

风险管理复杂性的需要:港珠澳大桥主体工程是海中桥-岛-隧工程,建设技术复杂,投资巨大,建设周期长,建设期将对原有的水上环境造成较大的改变。本工程建设具有生产流动性、施工多样性、综合协调性和劳动密集型特点,其建设过程中一系列的安全生产管理(无特别说明,本处安全均指职业健康、安全和环保方面的风险问题)具有多方面复杂特点。

落实多方管理规定的需要:粤港澳在安全、健康、环保要求方面均有较大的不同,尤其港方在相关风险控制方面具有国际最严格的规定,这促使工程建设中 HSE 管理必须采用国际化的、最先进的风险管理模式。而目前我国的安全、健康、环保管理理念相对落后,体系性不够,对风险控制注重条文规定,不注重风险控制的适应性管理。

落实 HSE 管理高规格要求的需要:港珠澳大桥工程举世瞩目,安全、健康、环保管理也被高度关注。最大可能追求零伤害、零污染、零事故,在健康、安全与环境管理方面达到国际同行业先进水平,也是社会期望目标。要努力实现这么高的目标,急切需要一套既满足工程建设需要,又能落实各层面 HSE 管理要求的严格的风险管理控制体系才能满足需要。

管理创新的需要:健康、安全与环境管理与工程上面临的挑战同步,港珠澳大桥需要在解决世界性技术难题的同时,采用基于国际先进经验,自主研发的管理体系,才能在贡献出中国桥梁建造的技术研发能力的同时,显现世界水平的工程中的人文关怀、绿色发展和安全经验。工程建设采用了多种新工艺、新方法,其配套的安全、健康、环保措施也要相应的有所创新。

以上需要决定了本工程建设中 HSE 生产管理的创新方向:

(1)风险管控对象需要创新——应将风险管控对象从以单位为对象,提升到以工程为对象,建立多环节、多因素、多方法相协调的建设业主和参建单位共同组成的集成管理平台和多目标、多组织、多体系相融合的伙伴关系管理机制,适应交通和建设行业特点。

(2)风险管控技术需要创新——应将海洋生态和环境保护纳入风险管控对象,中华白海豚为国家一级保护动物,被誉为"海上大熊猫",其珍稀性和濒危性举世瞩目,专门对其开展特色性生态保护技术研究,研发综合性的生态保护规程。

(3)风险管控内容需要创新——应对桥、隧、岛重大建设环节和重要施工工法开展专门的职业健康、安全、环保、生态的风险防护性技术研究和匹配性应用,提升国家重大工程建设的水平和形象。

(4)风险管控模式需要创新——应将适应性管理理论与持续改进理念相结合,面向多结构、超大型、集群化工程,针对工程建设的台风、暴雨、雷电、高温、水文、地质、海流等复杂条件,开展安全环保风险控制具体技术和管理模式耦合研究,解决跨海工程建设高危险作业密集、不确定性因素频发的全过程受控难题。

交通运输领域基础设施种类较多,有道路、隧道、桥梁、航道、港口、交通枢纽及其综合工程等,这些交通基础设施在最近几年得以大规模建设,在其建设质量方面,已形成比较完善的质量保证体系;但在建设过程也频频出现健康、安全和环保问题,如何在保证建设工程质量的基础上,总结经验和教训,规范健康、安全和环境行为,既符合当今时代人文关怀、环境保护的要求,同时又为建设施工单位提供文明施工、安全施工、节能降耗的有效途径,建立交通运输行业基础设施建设过程中的健康、安全、环保一体化管理体系显得尤为重要和迫切。

因此,本工程建设过程中,迫切需要一套强大而严格的管理模式,用以落实粤港澳三地各项安全生产、职业健康、环境保护法律法规,适应大量不同行业的参建单位的管理风格,解决各种层次的分级风险问题,能够实现公众对建设本工程的高规格需要。而石化行业的 HSE 管理体系,是目前国际上最为严格的风险管理模式,在复杂风险管理方面具有持续改进、风险前置、闭环控制等方面无可比拟的优势和能力,理所当然地被考虑到引入本工程建设的 HSE 管理过程中,寄望于此模式避免出现大的职业健康、安全生产和环境保护事故,实现 HSE 方面的危害最小化。

6.1.2 体系的理念

建立 HSE 管理体系首要的是要树立正确的 HSE 理念,具备 HSE 管理的思想意识和观念,并把它们作为一切 HSE 管理政策和行为的最高准则,使员工从思想上理解和认同这种管理体系,从而产生内在的驱动力,所以 HSE 理念是 HSE 管理的灵魂所在。HSE 体系理念主要包括:

(1)注重领导承诺的理念。参建单位对社会的承诺、对员工的承诺,领导对资源保证和法律责任的承诺,是 HSE 管理体系顺利实施的前提。领导承诺由以前的被动方式转变为主动方式,是管理思想的转变,并逐渐形成一种自主承诺、改善条件、提高管理水平的组织思维方式和文化。HSE 管理体系,强调最高管理者的承诺和责任,企业的最高管理者是 HSE 的第一责任者,对 HSE 应有形成文件的承诺,并确保这些承诺转变为人、财、物等资源的支持。

(2)体现以人为本的理念。参建单位在开展各项工作和管理活动过程中,始终贯穿着以人为本的思想,从保护人的生命的角度和前提下,使组织的各项工作得以顺利进行。人的生命和健康是无价的,工程施工过程中不能以牺牲人的生命和健康为代价来换取成果。

(3)以风险为核心、以预防为主、事故是可以预防的理念。HSE 管理体系始终贯穿了对各项工作事前预防的理念,贯穿了所有事故都是可以预防的理念,实施管理程序化和作业规范化。推行管理体系的实践证明"所有的工伤和职业病都是可以预防的"。事故的发生往往由人的不安全行为、机械设备的不良状态、环境因素和管理上的缺陷等引起。

(4)贯穿持续改进可持续发展的理念。HSE 管理体系贯穿了持续改进和可持续发展的理念,即没有最好,只有更好。体系建立了定期审核和评审的机制,每次审核要对不符合的项目实施改进,不断完善。这样使体系始终处于持续改进的趋势,实现组织的可持续发展。P 策划阶段:是健康安全与环境管理体系建立与实施的输入;D 实施阶段:是健康安全与环境管理体系实施的运行;C 绩效监测阶段:是健康安全与环境管理体系运行效果的检查和监测;A 结果评审阶段:是健康安全与环境管理体系的持续改进。PDCA 循环模式运行,见图 6-1。

(5)体现参与建设的全员参与的理念。安全工作是全员的工作,是全社会的工作。HSE 管理体系中就充分体现了全员参与的理念。在确定参与建设各岗位的职责时要求全员参与,在进行危害辨识时要求参与建设全员参与,在进行人员培训时要

图 6-1　PDCA 循环示意图

求参与建设的全员参与,在进行审核时要求参与建设的全员参与。通过广泛的参与,形成各参建单位的 HSE 文化,使 HSE 理念深入到参与建设的每一个员工的思想深处,并转化为参与建设的每一个员工的日常行为。能级层的确定必须保证管理体系具有稳定性,即管理三角形的顶角大小必须适当;人才的配备使用必须与能级对应,使人尽其才,各尽所能;对不同的能级授予不同的权力和责任,给予不同的激励,使其责、权、利与能级相符。

(6) 多体系兼容

交通基础设施建设 HSE 管理体系覆盖 ISO 14001 环境管理体系和 ISO 18001 职业健康安全管理体系的全部技术要求,考虑 ISO 19001 质量管理体系的基本原则和行业的各项标准规范的要求,将安全、环保、职业健康的管理融入质量管理的方方面面。

(7) 突出行业特点

交通基础设施建设 HSE 管理体系的风险策划要素充分考虑包括道路、航道、港口、交通枢纽等工程在内的危害因素和风险,风险控制措施突出行业特点;落实交通运输行业基础设施建设施工过程的风险源普查、风险分析、风险评估和系统的风险控制。

(8) 依法管理/一致性管理

强化遵守健康安全环境法规和标准的意识。健康安全环境法规和标准是风险管理的准则,HSE 管理体系的全部要求都建立在健康安全环境法规和标准基础上。通过这种管理解决多个单位共建一项工程,令行不一致的群体管理的缺陷,实现伙伴合作关系的项目风险管理。

现代安全管理的发展过程可分为经验管理—制度管理—预控管理 3 个阶段。预控管理是安全管理的最后阶段,也是安全管理的最高阶段。其基本原理是运用风险管理的技术,采用技术和管理综合措施,以管理潜在危险源来控制事故,从而实现"一切意外均可避免""一切风险皆可控制"的风险管理目标。

HSE 管理体系适用于各行业,不过对于制造、加工、石油化工、建筑等面向市场的行业更重要,因为现在很多客户都要求厂家在体系化管理下生产产品,这样对于产品质量更有保障。HSE 管理体系是企业走向国际化、现代化必由之路,HSE 管理体系体现本质安全、健康、环境协调发展理念,也是体现参与国际市场竞争能力的重要指标。

引入 HSE 管理体系理念,实施一体化管理,可以有效满足大型跨海桥隧工程建设管理的特殊性要求。但和石油行业生产管理活动相比,大型跨海桥隧工程项目建设具有以下管理特点:

①管理活动的一次性。建设项目管理的对象是一个具体的工程项目,是一次性的活动过程。

②管理目标临时性和短期性。建设项目管理目标是建设项目的约束性目标,即投资目标、进度目标和质量目标,其目标是相对临时的和短期的。

③管理周期的不可重复性。建设项目管理是一项一次性多变的活动,其管理周期是以项目周期和项目内在规律为基础,其从项目立项、建设至投产运营,具有不可重复性特点。

④实施主体的多样性。建设项目管理实施的主体包括业主方、设计方、施工方、供货方和咨询方等。

因此,石油化工行业 HSE 体系是以隶属关系为主构筑的系统,系统上层对各隶属子系统具有行政约束性,业务相对固化,生产过程具有周期性等特点;而交通建设工程 HSE 管理体系是以合约关系构筑的系统,属于各自相对独立的系统,生产过程相对复杂,具有不可恢复性和一次性、临时性及实施主体多样性的特点。

6.1.3 体系的演变

大量文献和案例研究表明,在交通运输行业生搬硬套石油化工行业的安全、环境与健康(HSE)管理体系并不完全适合交通运输行业基础设施建设的特点,交通运输行业 HSE 管理体系的建立尚需大量技术深化研究。

大型跨海桥隧工程项目 HSE 一体化管理,得益于开展国家科技支撑计划项目专项研究。科研单位借鉴 ISO 9000《质量管理体系指南》、《环境管理体系要求及使用指南》(GB/T 24001—2004)、《职业健康安全管理体系规范》(GB/T 28001—2001)、《中石油 HSE 管理体系编制指南》(Q/SY 1002.1—2007)、《工程建设施工企业质量管理规范》(GB/T 50430—2007)、《公路桥梁和隧道工程设计安全风险评估指南(试行)》(交公路发〔2010〕175 号)、《公路桥梁和隧道工程施工安全风险评估指南(试行)》(交质监发〔2011〕217 号)、《高速公路路堑高边坡工程施工安全风险评估指南(试行)》(交安监发〔2014〕266 号)等的基础上,结合工程建设管理特点,从实现项目职业健康、安全与环境管理整体目标出发,应用系统论、控制论、信息论的基本原则,通过改进、优化、融合,建立了一个能够覆盖工程建设过程,并与工程质量管理体系等有机融合,并有效运行的集约化管理模式。

研究提出了《港珠澳大桥主体工程建设职业健康安全与环境一体化管理技术指南》(简称技术指南)成果。在该成果的指导下,港珠澳大桥管理局构建了以建设项目业主为主体、各参建单位为组成部分的 HSE 管理体系,明确了构成要素和各类重大风险控制环节,提出了管理多个单元、多个组织、多个领域的控制程序和作业规程,并要求工程承包单位建立相应标段的 HSE 管理体系,首次在交通领域重大工程开展了 HSE 体系应用的系统示范。同时,对整个港珠澳大桥主体工程中所有标段,包括桥梁标段、岛隧标段、建设单位业主的健康安全、环境管理体系进行适宜性验证和示范应用,开展了所有监理标安全环保适应性管理示范方案。该加强版的工程建设 HSE 管理模式在其他地区个别高速公路工程建设过程也在尝试使用,同时其管理理念将在多项工程建设安全管理咨询中得到深化应用。

港珠澳大桥主体工程建设 HSE 管理体系框架包括三个部分:《第一部分:HSE 管理体系规范》(简称第一部分规范);《第二部分:建设施工 HSE 实施规程》(简称第二部分规程);《第三部分:HSE 管理工具》(简称第三部分工具),其结构见图 6-2。

通过 HSE 一体化管理文件将所有参建单位有机地结合为一个共同体,有利于保证参与建设的单位在同一个管理体系框架下为完成同一个目标,在业主或总承包人的统一组织领导和监控下,完成业主或总承包人赋予的专业活动和法定的 HSE 管理职责,形成共性通用、特性突出、统一规范的 HSE 制度标准体系。加强版的 HSE 一体化管理完全兼容了常规公路工程建设过程的安全管理要求。

图 6-2　港珠澳大桥主体工程建设 HSE 管理体系框架

港珠澳大桥主体工程 HSE 一体化管理与常规安全管理模式是一致的，都依据同样的国家标准、行业规定及其他规定。港珠澳大桥主体工程 HSE 体系管理模式，与交通运输部和广东省关于公路、水运工程设计和施工风险评估，以及平安工地建设、安全标准化工作完全兼容，是更严格、更有效落实这些要求的保障工具。

6.2　体系的构成与要素

6.2.1　核心任务

HSE 管理体系的核心是工程施工过程的风险源辨识、风险分析、风险估测和风险控制。基于风险源辨识，设置管理的方式、程序、宽严程度、操作规程，将传统施工过程管理中相对割裂、独立的各环节融会贯通、扣扣相连、闭环运作，全方面深层次覆盖施工企业安全环境管理中的诸多因素，耦合系统过程控制的风险预防措施。

6.2.2　体系架构与重点环节

在大型跨海桥隧工程建设期 HSE 管理工作中，应切实结合工程建设特点，强化大型跨海桥隧工程建设期 HSE 管理实施对策分析，应把握如下重点环节和要求：

(1)高度重视风险管理，实施全过程风险管理，即从项目全寿命周期内进行风险分析、辨识、管控等；

（2）遵循"顶层设计"理念，从项目立项阶段，根据风险分析评估结果，谋划工程 HSE 管理总体思路和模式，并按计划推进；

（3）要以 HSE 管理体系建设与运行为核心，通过体系建设，制定具有针对性和可操作性的 HSE 管理目标、要求、流程等制度保障体系，规范各方 HSE 管理行为与表现；

（4）在 HSE 管理过程中，强化"六位一体"各环节的执行力，牢固把握"组织保障是龙头，制度建设是依据，宣教培训是基础，预控防范是前提，检查考核是手段，应急管控是底线"的管理内涵；

（5）要强调参建各方 HSE 管理责任的落实，并以业主管控为主要驱动力，推动各方 HSE 履职尽责。

根据大型跨海桥隧工程建设管理内容及建造特点，考虑到自然环境因素、工程建造过程技术风险因素及考虑管理上的缺陷或不到位，可以构筑大型跨海桥隧工程 HSE 管理范畴和内容框架模型，如图 6-3。根据该模型，可知各种类型的施工作业活动、自然危害因素及对管控对象管理上的不到位，均有可能存在各种危害因素，从而引发各种 HSE 方面事故。大型跨海桥隧工程 HSE 管理范畴包括职业健康保护、安全生产管理及环境保护管理三个方面的内容。在职业健康保护方面，其管控重点为特殊施工区域环境下的职业健康防护。大型海上桥隧工程涉及众多的密闭空间作业（如箱梁内部拼装、隧道内部施工等）、钢结构除锈喷涂作业、混凝土加工搅拌、水下潜水作业及在海上高温高湿环境作业等，作业过程需大量利用电气焊、砂轮、钻机等机具，因此，加强对特殊作业环境下施工人员职业健康防护是非常有必要的。在生产安全方面，其管控重点为不同类型且数量众多的作业工人、特种设备机械、众多的施工区域场所（海上施工平台、各种预制加工场、钢结构加工车间）及复杂的施工工艺过程，同时还需对施工区域水上交通安全予以重点管控，并将大型构件海上运输安全、海上防风工作作为重点。在环境保护方面，不仅要做好施工现场"文明施工"管理，还要确保海上施工废弃物（疏浚泥、钻渣）、设备运行废弃物（废油、废气、施工垃圾）的合理处置，做好有关生态环境监测、渔业资源增殖放流等工作。

上述各管控对象之间并非各自独立，而是相互关联。因此，采用传统的安全环保管理模式，无法适应大型跨海桥隧工程建设过程的特殊性、复杂性，无法满足其 HSE 管理需求，必须通过并运用系统控制理论进行顶层设计，研究解决方案。

通过上述框架分析，可构筑以 HSE 管理体系建设和运行的一体化管理框架模型，在该模型中，以项目业主的 HSE 管控为主导，以 HSE 管理体系建设和运行为核心，以"HSE 组织保障体系、HSE 制度保障体系、HSE 培训教育体系、HSE 预控防范体系、HSE 检查考核体系、HSE 应急管控体系"为一体的管理模式为管理重点环节，并遵循"戴明循环"控制理论，按照"计划—执行—检查与评估—提升与改进"（即：P—D—C—A）稳定运行，实现闭环管理，从而实现管理效能的持续提升。具体模型如图 6-4。

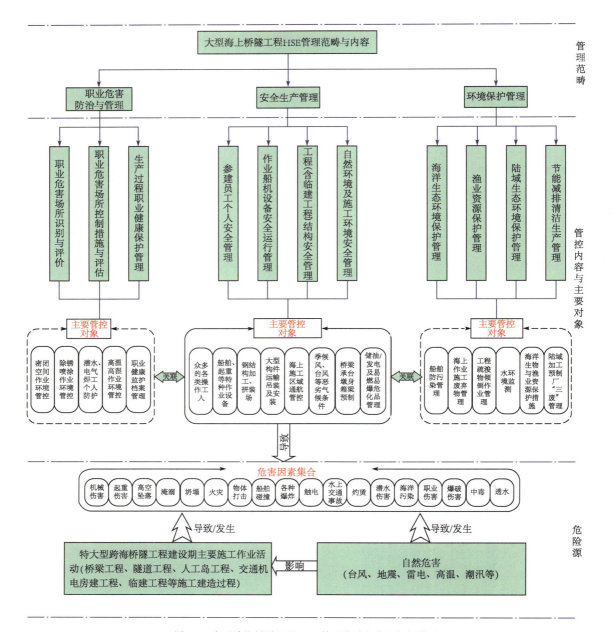

图6-3 大型跨海桥隧工程HSE管理范畴和内容框架模型

6.2.3 体系内容与要素构成

(1) 建立以业主为核心的HSE体系文件

港珠澳大桥是一项具有世界影响力的超级工程,是珠江口重大门户工程,其建设过程可谓举世瞩目。构建以建设项目为主体、各参建单位为组成部分的HSE管理体系,明确了构成要

第6章 港珠澳大桥主体工程HSE管理体系

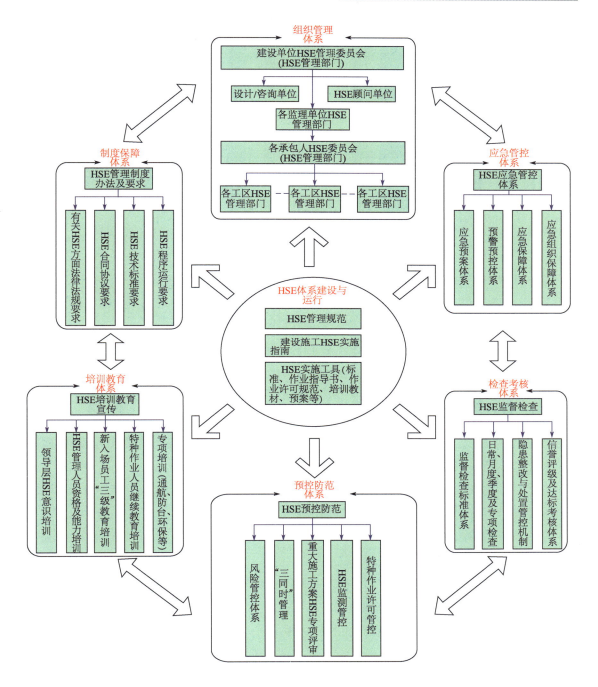

图6-4 大型跨海桥隧工程建设期HSE一体化管理框架模型

素和各类重大风险控制环节,提出了管理多个单元、多个组织、多个领域的控制程序和作业规程,并要求工程承包单位建立相应标段的HSE管理体系,是保证项目顺利进行的重要举措。

具体工程建设HSE体系建立和文件编制时,必须充分体现建设施工专业化管理、HSE标准用语通俗易懂、HSE 标准要素构成的逻辑关系分明、HSE 标准要素内涵清晰。交通运输基础设施建设 HSE 管理体系的文件是风险控制的纲领、指导和沟通的依据,即符合 ISO 18001 职业健康安全管理体系标准和 ISO 14001 环境管理体系标准文件要求,又必须适应交通运输基础设施建设 HSE 管理体系的组织结构。HSE 体系文件按照功能和层次,将参建单位的文件组合为一个完整的 HSE 体系文件。

该 HSE 管理体系具有如下"两层四阶"特点:一是业主建立体系的第一级文件(一层),即业主在可研阶段,要对项目可能存在 HSE 风险进行充分辨识与分析,建立相对应的管理文件,编制合同管理 HSE 要求,便于投标人快速领会并融入其中;二是无须承包人所在的母公司(或上级公司)建立相同的体系,只需承包人在投标阶段了解业主的体系管理要求,在中标后的规定时间内,根据业主的体系架构和要求,建立适合于业主管理要求的二级和三级体系文件(二层);三是体系文件与项目密不可分,即项目组建时体系开始形成并逐步完善,项目结束时体系终结。不同的项目,体系的架构保持一定的稳定性,但具体的管理内容和要求可随项目具体情况而定。HSE 导则为第一阶文件,程序文件为第二阶文件,各项管理制度为第三阶文件,检查表、记录为第四阶文件。

交通运输基础设施建设 HSE 管理体系文件结构图,如图 6-5。

(2)建立以风险控制为目标的管理机制

通过管理体系文件将所有参建单位有机地结合为一个共同体,建立 HSE 体系,有利于保证参与建设的单位在同一个管理体系框架下为完成同一个目标,在业主或总承包人的统一组织领导和监控下,完成业主或总承包人赋予的专业活动和法定的 HSE 管理职责,形成共性通用、特性突出、统一规范的 HSE 制度标准体系。

工程项目 HSE 管理体系的最高组织是 HSE 委员会,业主或总承包人主持 HSE 管理委员会的日常工作,HSE 委员会由业主的管理者层组成。其优势为:

①在 HSE 委员会的统一规划下,有明确的 HSE 管理体系工作思路,保证参建单位 HSE 管理的整体性和一致性;

②在 HSE 管理方面,建立"统一、规范、简明、可操作的 HSE 管理体系文件",将风险控制措施标准化,保证参加单位风险控制规范;

③每个参建单位在施工中具有专业的独立性。

参建单位包括总承包人、承包人、勘察单位、设计单位、咨询单位、工程监理单位、试验监测中心、测量控制中心等。交通运输基础设施建设 HSE 管理体系实体结构,见图 6-6。

(3)厘清工程参建各方的责任分担

基于 ISO 和国家管理系列标准,融合交通行业基础设施建设特点的、针对各具体建设项目特点的体系化管理规范,是充分体现健康安全与环境管理与建设施工专业化的结合。一般情况下,工程各参建单位 HSE 管理体系构建要求如表 6-1 所示。

第6章 港珠澳大桥主体工程HSE管理体系

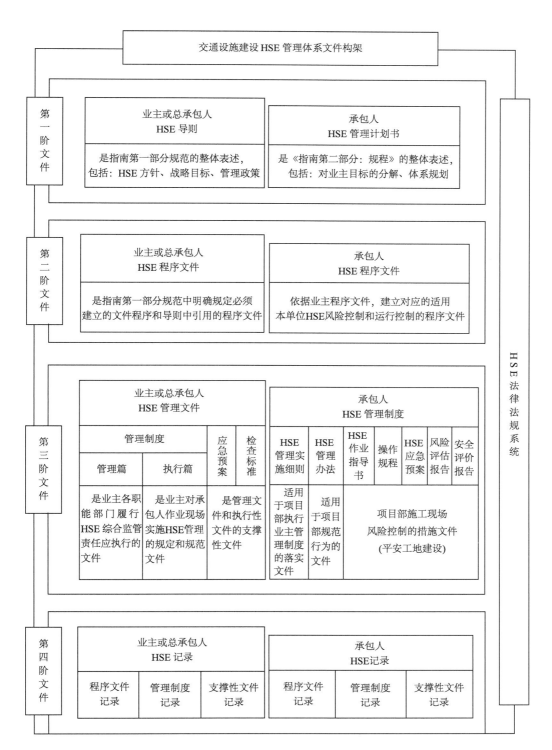

图 6-5 工程建设 HSE 管理体系文件结构图

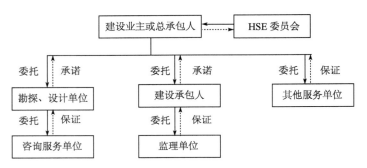

图 6-6　工程建设 HSE 管理体系实体结构图

工程建设 HSE 管理体系中参建单位组成及其体系构建要求　　　　表 6-1

参建单位	别称	组成	HSE 分工	HSE 体系构建要求
业主	建设单位	工程项目法人	工程建设中 HSE 总体监管	业主建立整体工程的总体规范,第三方建立
承包方	施工承包单位	施工工区 1,工区 2,……工区 n	工程分区施工中 HSE 落实	承包方建立符合业主总体规范的 HSE 体系,第三方建立
监理方	工程监理单位	监理工区 1,工区 2,……工区 n	工程分区施工中 HSE 监理	监理人建立符合业主总体规范的 HSE 体系
设计方	工程设计单位	各初步设计单位、施工图设计单位	工程设计中落实 HSE 设计	落实业主总体规范
咨询方	工程咨询单位	各设计咨询单位	工程设计中 HSE 监督	落实业主总体规范
研究方	工程研究单位	各专题研究单位	专题研究 HSE 建议	落实业主总体规范

以本工程为对象、以建设业主及各参建单位分工负责为纽带,构建 HSE 管理体系整体。各参建单位分别编制各自标段工程的 HSE 管理体系文件,分别按照各自的体系文件进行 HSE 体系管理。各单位的 HSE 管理体系相对独立,各有侧重,但共同组成本工程建设的 HSE 管理体系。各级建立 HSE 委员会,各级委员会的负责人是单位的第一责任人,管理者代表负责日常工作,通过 HSE 委员会的沟通和协商,实现整体 HSE 管理政策的实施。

工程建设业主建立顶层 HSE 管理体系规范,各参建单位建立第二层管理体系文件,建设业主和各参建单位分别建立各自的体系文件。针对工程的 HSE 管理体系文件结构,如图 6-7 所示。

交通建设工程 HSE 体系管理是应用伙伴关系的建设项目风险管理。伙伴关系的项目风险管理,是加强版 HSE 体系管理的关键技术环节。工程建设加强版 HSE 体系管理有利于:

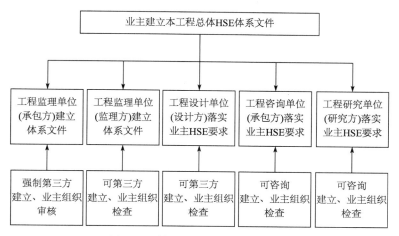

图 6-7 具体工程建设的 HSE 管理体系

①使众多参与者(业主、承包人、设计、监理、供应商等)在同一项工程建设过程实现各合作方共同管理风险,最大限度地整合资源,统一指挥、互利合作。

②明确业主与承包人双方对风险分担,实现合理的分担建设风险,最终保证承发包双方的合理利益。

③降低风险,减少可能带来的人员伤害和损失。

建设业主 HSE 体系构成,见表 6-2。

建设业主 HSE 体系的构成 表 6-2

包括 9 个部分	1	范围
	2	规范性引用文件
	3	术语和定义
	4	健康安全环境管理体系
	5	管理职责
	6	资源的确定和提供
	7	实施与运行
	8	检查、监测和测量、整改、事故管理
	9	审核与评审

施工承包方 HSE 体系组成及要素功能,见表 6-3。

施工承包方 HSE 体系组成及要素功能 表 6-3

包括 11 个部分	1	范围	是管理体系的总体描述
	2	规范性引用文件	
	3	术语和定义	
	4	体系要求	
	5	领导承诺、方针目标和责任	方针目标是总体原则,承诺和职责是管理体系的前提条件

续上表

包括 11 个部分	6 风险源普查、风险评估和风险管理	是管理体系的输入及核心
	7 资源和文件控制	是管理体系的基础
	8 职业健康安全和环境管理	是管理体系的关键
	9 检查、监测与考核	是管理体系的保障
	10 不符合、隐患整改、事故处理	
	11 审核、评审和持续改进	

技术指南第一部分规范包括:21 个 1 级要素、21 个 2 级要素、2 个 3 级要素。1 级要素的构成见图 6-8,2 级要素的构成见图 6-9,3 级要素的构成见图 6-10。

```
4.1  总要求                 7.1  沟通、参与和协商        8.2  合规性评价
4.2  文件要求               7.2  分包方和(或)供应方      8.3  不符合、纠正措施
5.1  领导承诺、方针和责任    7.3  职业健康                    和预防措施
5.2  健康安全环境方针和目标  7.4  作业许可                8.4  事件、事故管理
5.3  策划                   7.5  运行控制                9.1  内部审核
6.1  机构和职责             7.6  变更管理                9.2  管理评审
6.2  能力、教育和培训        7.7  应急准备和响应          9.3  持续改进
6.3  施工机具和安全设施      8.1  检查、监测和测量
```

图 6-8　21 个 1 级要素

```
4.2.1  文件控制             6.1.1  机构                 7.1.1  沟通
4.2.2  记录控制或租赁       6.1.2  职责                 7.1.2  参与和协商
5.3.1  安全风险评估         6.1.3  管理者代表           6.1.3  社区和公共关系
5.3.2  风险源辨识、风险评价 6.2.1  能力                 7.2.1  分包方
       和风险控制措施的确定 6.2.2  教育和培训           7.2.2  供应方
5.3.3  法律法规其要求       6.3.1  施工机具和安全设施   9.2.1  总则
5.3.4  目标、指标和方案            的采购和租赁        9.2.2  评审输入
                            6.3.2  施工机具和安全设施   9.2.3  评审输出
                                   的使用和维护
```

图 6-9　21 个 2 级要素

```
5.3.2.1  危险源(有害因素)辨识、风险评价
5.3.2.2  环境因素识别、影响评价
```

图 6-10　2 个 3 级要素

技术指南第二部分规程的总体功能,是指导建立施工过程 HSE 风险控制体系的指南。施工过程风险控制的结构,见图 6-11。

HSE 系统管理纵到底,横到边。HSE 体系管理的纵向和横向范围,见图 6-12。

6.2.4　体系实施与运行

大型跨海桥隧工程涉及面广,参与方众多,主要分为建设单位(业主)、设计/咨询单位、工程监理单位(监理人)、工程建造单位(承包人)等。其中,业主(即项目建设单位)是项目法人

单位,在项目全寿命周期内属主导地位,对通过合约方式同项目各方(设计/咨询方、监理人、承包人等)建立合作伙伴关系,并利用各项合同协议约定实施管理协调职能。在 HSE 管理方面,业主需承担 HSE 管理统筹协调与主导责任,其主要职责为按照各项法律法规要求,选择具有相应资质的各参建单位,并监督/指导参建各方履行 HSE 职责。设计/咨询方主要为业主提供有关 HSE 方面的技术服务和支持,并在工程方案设计阶段履行"三同时"设计职责。监理方受业主方委托,对工程建造过程实施监督管理,其 HSE 表现及责任亦对业主方负责。承包人为工程建设实施过程的主体责任单位,应该遵循法律法规和合同条款,落实工程施工过程各项 HSE 措施,完成合同约定工程建设内容,并对所承担工程建设过程的 HSE 表现负责。

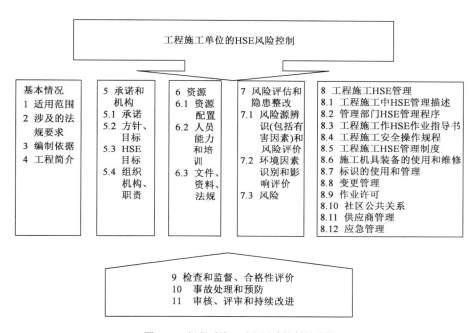

图 6-11 规程对施工过程风险控制的功能

图 6-12 HSE 体系管理的纵向和横向范围

根据上述分析,结合大型跨海桥隧工程任务特点,可构筑参建各方不同阶段的 HSE 管理责任和主要流程,如图 6-13。项目建设单位(业主)是实现项目全寿命周期各管理目标的主要推动者和主导者,其在工程建设过程具有不可转移的主导地位并负有统筹协调的职责,因而也决定了其对各参建单位实施 HSE 综合监管的责任。对一个复杂的巨系统工程而言,任何一个

港珠澳大桥工程建设职业健康安全与环境(HSE)管理

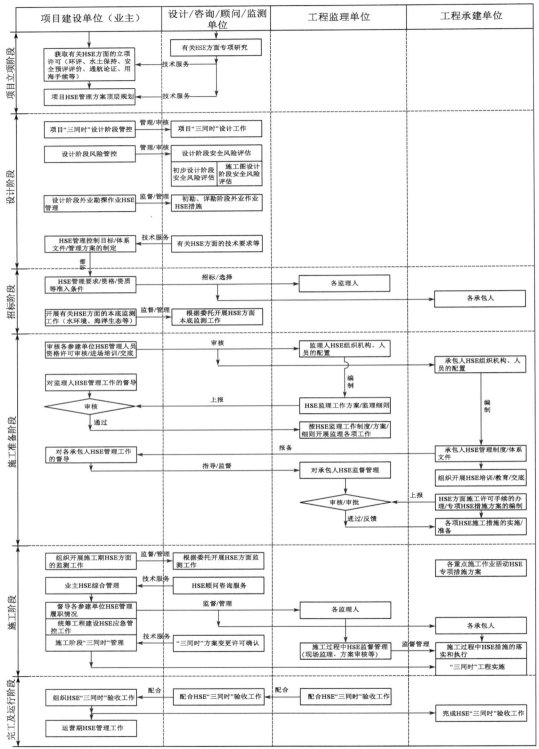

图 6-13 大型跨海桥隧工程参建各方 HSE 管理流程图

子系统都不能单独的实现系统目标,必须建立一个稳定的组织系统和高效的运行体系。因此,对大型跨海桥隧工程项目HSE管理而言,必须以业主为主导来建立HSE管理模式和体系并维持其高效运转。

6.3 体系的合理性与先进性

6.3.1 应用成效

以港珠澳大桥主体工程为代表的交通建设工程HSE体系管理在港珠澳大桥主体工程建设中成功得以应用。对整个港珠澳大桥主体工程中所有标段,包括7个桥梁标段、1个岛隧标段、1个建设单位业主的健康安全、环境管理体系进行适宜性验证和示范应用,开展了所有监理标(7家)安全环保适应性管理示范方案,形成了多项成果,并在多项工程和咨询单位中得到深化应用。按照该体系成果构建并发布各类文件体系,包括:

(1)桥梁工程CB01标段、CB02标、CB03标、CB04标、CB05标段。

(2)铺装工程CB06标、铺装工程CB07标、房建工程CA01标段、交通工程CA02标段、岛隧工程建立健康安全、环境(HSE)体系文件。

(3)港珠澳大桥主体工程建设单位(港珠澳大桥管理局)健康、安全、环境(HSE)体系转换文件。

(4)各监理标段根据本书和管理局体系要求建立了HSE管理文件,进行了适宜性验证和深度应用示范。

HSE管理体系进一步推动了本体系与工程建设各环节的紧密结合,落实了实施体系的各项制度和程序要求,建立了风险控制的适应性机制,在工程建设管理中取得了显著成效。主要体现在:

(1)建设业主的HSE管理体系的文件结构、类型、功能符合安全、环保、职业健康的各项法定要求;建设业主HSE管理体系文件覆盖了主体工程建设的全部HSE管理范畴,程序文件中部门之间、业主与承包人之间的职责划分明确、管理流程清晰;管理规定文件法律依据充分,对局内各部门和承包人等参建单位具有较好的指导性,验证了职业健康安全和环境一体化管理体系科研成果在交通运输基础设施建设中的重要作用。

(2)建设业主的HSE导则、程序文件、管理规定、应急预案、检查标准和记录等,构成了系统的风险管理体系和无缝联结的动态管理程序,对主体工程建设HSE管理提供了有力支撑,其运行效果满足主体工程建设HSE管理的需求。建立的以本工程为对象、融合各相关建设单位的HSE管理体系,强化了工程建设与HSE管理的联系,真正指导了工程建设管理实践,展示HSE管理体系在复杂工程中的实效,增强了建设业主的HSE监管能力。

(3)工程建设过程中减少了安全、职业卫生和环境事故的发生,将职业卫生安全和生态风险的影响降低到了最低程度,为技术复杂、高标准高要求工程的成功建设提供了保证。推动了参建各方在其他大型工程建设过程中职业健康、安全和环保一体化管理的自觉应用,提升了参建单位健康、安全和环保管理能力和水平。

6.3.2 体系合理性

交通基础设施建设项目实施加强版的职业健康、安全、环保一体化管理模式,在风险管控对象、管控技术、管控内容、管控模式等方面均有较好的适用性,可以节省管理的人力、物力和财力,使工程建设安全生产监管能力提升了较大的水平。该体系可将风险管控对象从以单位为对象,提升到以工程为对象,建立多环节、多因素、多方法相协调的技术集成应用平台和多目标、多组织、多体系相融合的伙伴关系管理机制,适应了交通和建设行业特点。开展安全环保风险控制具体技术和管理模式耦合,解决了跨海工程建设高危险作业密集、不确定性因素频发的全过程受控难题。

(1)适应了工程建设管理的复杂性

在工程项目建设过程中涉及勘察、设计、咨询、施工、监理、顾问、业务主管部门、上级单位、相关部门、社会公众等多个组织,牵涉各类人员、多种作业、多样机械设备、多种建筑材料、多个建造场所,工程建设中需要协调质量、安全、健康、环保、资金、进度等多个环节。要将这些不同维度、不同要求、不同性质的因素都管理好,需要一套按照风险大小分级施策、张弛有度、持续改进、动态预控的管理模式,融合于工程管理的过程中。HSE一体化管理正是这种模式的最先进的、最合适的管理体系。

(2)适应了最严苛的三地管理法规

工程建设中需要落实国家和地方的安全、环保、健康管理方面的法律、法规、标准、规范、规章、文件,尤其是要落实香港的安全、健康和环保管理要求。本体系对落实各项法律法规建立了可操作机制。

(3)适应了公路工程风险管理要求

以往的公路工程建设安全生产主要是基于事故导向的防控体系,多为被动防控,安全费用能省则省,甚至认为省下的就是利润。该体系落实风险预控的思想,将风险管理前置,管理措施持续改进,风险大小对应不同等级的防控措施,而且有管理程序保障。

(4)适应了行业工程建设组织形式

行业工程建设的组织特点为建设周期短,参建单位来自各个行业,各个行业单位的管理模式千差万别,各自带着自己的风险管理理念和方法,使业主对其管理处于忙于协调,缺少机制、程序等方面的精细化指导的状态,而这一体系克服了组织松散的弊端,建设业主可以通过HSE体系管理不同能力水平的施工、设计、监理队伍。

(5) 适应了高规格风险控制的目标

港珠澳大桥主体工程是海中桥-岛-隧工程,结构和建设技术复杂,投资巨大,建设周期长,建设期将对原有的水上环境造成较大的改变。高规格的桥梁建设技术等级,也对 HSE 风险管理提出了高规格的管理要求。

(6) 适应了风险控制的国际化趋势

体系化管理是国际通用的标准,体现我国工程建设生产安全、职业健康和环境保护管理的国际化趋势,也是被实践反复证明了的具有强大融合能力的适应性管理模式。它更多的是一种管理机制,将各方要求、工程和环境特点结合到这一机制中,动静结合地适应性的防控 HSE 风险。

(7) 适应了一体化管理的现实要求

实施工程建设 HSE 体系管理,不但满足了交通行业平安工地创建、安全标准化要求的同时,还构建了我国交通基础设施建设中安全环保适应性控制和管理的技术支撑体系,突破多元管理体制要求和复杂环境条件影响下集群工程建设的安全环保技术和管理瓶颈制约,提高我国重大工程建设中职业健康、安全、环保、生态的保障水平,提升国家基础设施建设的产业竞争力和国际声誉。

6.3.3 体系先进性

(1) 港珠澳大桥主体工程 HSE 管理体系的创新性

对复杂工程建设进行安全和环保适应性管理研究,建立交通运输基础设施建设 HSE 管理体系的构建指南,并开展示范应用,在以下多个方面具有创新性:

①首次在交通运输大型复杂工程建设领域建立 HSE 管理体系,提升跨海集群工程建设过程中职业健康、安全生产和环境保护水平(跨海洋和自然保护区等敏感环境、跨隧-岛-桥三种交通基础设施、复杂的施工环境和安全要求;与传统事后处理和控制方式不同,引入提前预防、持续改进;组织结构、HSE 体系文件结构、HSE 风险控制措施全方位的一体化管理的理念等)。

②尝试在交通运输行业推动 HSE 管理体系,提升整个交通运输行业基础设施建设过程中的职业健康、安全生产和环境保护水平,建立包括道路、航道、港口、交通枢纽等工程在内的、满足行业特点的 HSE 管理体系的构建指南。

③HSE 管理体系作为集成化的、持续改进的、风险前置的、责任清晰的职业健康和工程安全环保先进管理理念,引入跨海隧-岛-桥集群工程建设中,用以指导本工程建设的各个环节。确保工程建设过程中不出大的健康、安全与环境问题,是支撑该工程高质量完成的极其重要的内容之一。

④通过对港珠澳大桥引入 HSE 管理体系,从而更加严格的实现交通运输基础设施建设过

程的安全生产标准化,弥补了常规安全生产管理缺少程序文件和具体工程建设实践密切配合的缺陷。

(2)港珠澳大桥主体工程 HSE 管理体系的特色

港珠澳大桥主体工程为代表的交通行业建立 HSE 管理体系的基本框架是:港珠澳大桥管理局构建的以建设项目为主体、各参建单位为组成部分的 HSE 管理体系,并进行示范应用,总体上明确了责任分担和管理机制,健全了施工全过程风险控制,使得职业健康、安全、环保的风险处于受控状态。

类比其他体系特点,本工程 HSE 管理体系通过适应性研究和实践,可总结出一套特有的 HSE 一体化管理模式,主要为"1431 模式",如图 6-14 所示。

---

1 个模式
- 以工程项目为对象,各参建单位配建适应性的管理体系

4 个机制
- HSE 管理体系一体化:整合安全、职业健康和环境管理体系(OSH-MS、ISO 14001)
- 管理方式分级响应:依照风险分级设置不同防控措施
- 自上而下的 HSE 承诺
- 持续改进的管理机制

3 个特色
- 管理文件的两层、四阶模式:业主层、承包人层;HSE 管理导则(管理计划)、管理程序、管理制度(含应急预案等)、检查核查记录(检查表)
- 管理环节的六位一体:组织机构、预控防范、制度规程、宣传培训、应急保障、检查考核
- 体系文件简洁化:施工单位仅按照所承包标段风险建立体系

1 个目标
- 追求"零伤害、零污染、零事故"

图 6-14 港珠澳大桥主体工程 HSE 管理"1431 模式"

HSE 管理的六个转变:

①从单纯强调领导负责向强化全员责任意识转变;

②从单纯依靠安全管理部门到强化各业务部门的转变;

③从管理体系和管理实践两张皮,到 HSE 管理融入生产管理全过程;

④由被动防范、事后处理向强化源头、预防优先转变;

⑤从集中整治检查向制度化、规范化管理转变;

⑥由偏重伤亡事故控制向全面落实 HSE 体系转变,建立起安全生产长效机制。

HSE 管理的实现效果:

①理念更加清晰;
②思路更加明确;
③制度更加规范;
④措施更加有力;
⑤氛围更加浓厚;
⑥经验更加珍贵。

6.4 与石油行业的异同性分析

6.4.1 管理架构异同性分析

(1)基本框架一致性

石油行业 HSE 体系和港珠澳大桥主体工程 HSE 体系,在体系基本框架方面具有一致性。任何行业的 HSE 管理体系均注重强调"人、机、环、管"的有效组织、最优配置、动态调整、闭环检查等方面,均是通过制度、程序、机制、文件、规范来统领人力、机构、环境、设备、设施。

主要框架都包括:
①领导确定方针、目标和责任;
②建立组织机构,做好人力资源配置,资金配置,培训工作及资料管理;
③风险评价和隐患治理;
④制定应急管理措施。

这四项要素之间紧密相关,相互渗透,在体系运行中,须将诸要素联系起来,共同发挥作用,以满足要求,确保健康和环境管理体系的系统性、统一性和规范性。一体化管理体系的共有要求包括:方针及目标、职责权限、文件控制、法律法规及其他要求、资料档案记录控制、内外交流沟通与协商、能力意识和培训、设备机具管理、工作环境、健康管理、安全管理、检查与监测、合规性评价、不符合、纠正预防措施、事故处理、预案与响应、内部审核、管理评审等。

建立 HSE 管理体系的基本框架是:
①按戴明模式建立。HSE 管理体系是一个持续循环和不断改进的结构,即"计划—实施—检查—持续改进"的结构。
②由若干个要素组成。关键要素有:领导和承诺,方针和战略目标,组织机构、资源和文件,风险评估和管理,规划,实施和监测,评审和审核等。
③各要素不是孤立的。这些要素中,领导和承诺是核心;方针和战略目标是方向;组织机构、资源和文件作为支持;规划、实施、检查、改进是循环链过程。
④在实践过程中,管理体系的要素和机构可以根据实际情况作适当调整。

（2）理念目的一致性

石油行业和交通行业 HSE 管理体系建立和实施所体现的管理理念都是要与生产密切结合、符合可持续发展的要求，这也正是它值得在各类组织管理中进行深入推行的原因，它主要体现了以下管理思想和理念：

①注重领导承诺的理念；

②体现以人为本的理念；

③体现预防为主、事故是可以预防的理念；

④贯穿持续改进、可持续发展的理念；

⑤体现全员参与的理念。

以港珠澳大桥主体工程为代表的交通行业建立 HSE 管理体系的目的是：

①满足粤、港、澳三地政府对健康、安全和环境的法律、法规要求；

②为中国交通运输史上技术最复杂、建设要求及标准最高的工程的成功建设提供保证；

③减少事故发生，保证员工的健康与安全，保护企业的财产不受损失；

④保护环境，满足可持续发展的要求；

⑤节能降耗，保护自然资源，增加经济效益；

⑥减少医疗、赔偿、财产损失费用，降低保险费用；

⑦满足公众的期望，保持良好的公共和社会关系；

⑧最终实现行业 HSE 管理和施工作业风险控制措施标准化。

石化行业建立 HSE 管理体系的目的是：

①满足政府对健康、安全和环境的法律、法规要求；

②为企业提出的总方针、总目标以及各方面具体目标的实现提供保证；

③减少事故发生，保证员工的健康与安全，保护企业的财产不受损失；

④保护环境，满足可持续发展的要求；

⑤提高原材料和能源利用率，保护自然资源，增加经济效益；

⑥减少医疗、赔偿、财产损失费用，降低保险费用；

⑦满足公众的期望，保持良好的公共和社会关系；

⑧维护企业的名誉，增强市场竞争能力。

（3）指导原则一致性

港珠澳大桥主体工程为代表的交通行业建立 HSE 管理体系的原则是：建立 HSE 管理体系应具有较强的针对性、完整性、实用性和可操作性，主要是为交通基础设施参建单位建立 HSE 管理体系提供依据。体系应营造一种安全、健康、绿色、文明、和谐的企业氛围，创造一种先进的企业文化。建立交通基础设施建设 HSE 管理体系的构建指南，遵循以下原则：

①多体系兼容；

②突出行业特点;
③管理统一化(解决多个单位共建一项工程,令行不一致的群体管理的缺陷,实现伙伴合作关系的项目风险管理);
④依法管理;
⑤第一责任人的原则;
⑥全员参与的原则;
⑦重在预防的原则;
⑧以人为本的原则。

石油行业建立 HSE 管理体系的原则是:第一责任人的原则、全员参与的原则、重在预防的原则、以人为本的原则。中石油 HSE 九项原则:
①任何决策必须优先考虑健康安全环境;
②安全是聘用的必要条件;
③企业必须对员工进行健康安全环境培训;
④各级管理者对业务范围内的健康安全环境工作负责;
⑤各级管理者必须亲自参加健康安全环境审核;
⑥员工必须参与岗位危害识别及风险控制;
⑦事故隐患必须及时整改;
⑧所有事故、事件必须及时报告、分析和处理;
⑨承包人管理执行统一的健康安全环境标准。

(4)具体要素有一定差异

要素分类、组成内容、管理方式均有一定差异。石油行业体系是一个大企业内的体系,注重全企业内部的通用性。港珠澳大桥体系是面向不同行业的参建单位,培训基础、文化理念、组织形式都多元化,管理水平参差不齐,只能是以要建设的工程为载体,组成一定时期内的松散组织,为了同一个工程目标而开展 HSE 管理。

(5)风险管控有一定差异

石油行业体系主体是国企内部,封闭行业,便于统一规范、统一思想、统一行动,而交通建设工程的主体是业主及各参建单位,因为招投标不确定性而临时组建,这些参建单位往往也不在一个封闭行业,接受的文化理念多种多样。石油行业所生产的产品相对固定,而交通工程建设的工程(产品)复杂,交叉和综合性强。石油行业的队伍面临的主要风险是通用的,而交通设施建设面临的风险有共性的风险,也有突发性风险和多变性风险。

(6)生产和资源的特点有一定差异

石油行业除勘探开发以外的工作和生产基本是相对稳定的,都有稳定的场所,稳定的流程、稳定的设备、稳定的人员等,HSE 可以有常设措施。而以港珠澳大桥主体工程为代表的交通建设工程,建设的地点、环境、任务、场所是变动的,设备设施是移动的,人员随着工程的要求重新组合、使得 HSE 措施有临时性。

(7)生产人员和条件有一定差异

石油行业人员岗位相对稳定,任职能力有保证,素质有保证;工作和生产条件稳定,可以通过 5S 管理,创造较好的工作条件;生产周期有规律并稳定。而以港珠澳大桥主体工程为代表的交通建设工程建设,人员组成不稳定,管理层、执行层、作业层人员文化素质差异大,多个不同性质的单位共同施工;工作条件多变、野外作业为主、外部环境恶劣、天气影响、相对工作和生产条件较差;工程难易程度不同,工期长短不同。

6.4.2 管理内容异同性分析

(1)管理范畴的一致性

石油行业和交通行业 HSE 管理体系的管理范畴,都是职业危害防治管理、安全生产管理、环境保护管理,均是依照和整合安全、职业健康和环境管理体系(国际 OSH-MS ＋ ISO 14001、国内 GB/T 28001—2001 ＋ Q/SY 1002.1—2007),进行一体化管理。

(2)管控内容的一致性

石油行业和交通行业 HSE 管理体系的管理内容,都包括:职业危害场所识别与评价、职业危害场所控制措施与评估、生产过程职业健康保护管理、参建员工个人安全管理、作业机械设备安全运行管理、场所(含临建)结构安全管理、自然环境安全管理、海洋生态环境保护管理、陆域生态环境保护管理、节能减排清洁生产管理等内容。

(3)管控对象的一致性

石油行业和交通行业 HSE 管理体系的管理内容,都是全体人员、全过程活动、所有机械设备和设施、相关的环境等。包括所有进入工作场所的人员(含合同方人员和访问者),全过程管理(生产或服务;员工、生产、社会的和谐),所有进场人员的活动、企业生产常规和非常规的活动、工作场所的设施(无论由本组织还是由外界所提供)、事故及潜在的危害和影响、以往活动的遗留问题,程序化科学管理方法、融合法律法规、技术完整、设备、设施本质安全、人员等内容的规程控制。

(4)危害因素的一致性

石油行业和交通行业 HSE 管理体系的危害因素,都是来自于生产过程不安全因素和环境社会不安全因素,所导致的管理失误、物的不安全状态和人的不安全行为等。主要包括:机械伤害、起重伤害、高空坠落、淹溺、坍塌、火灾、物体打击、船舶碰撞、各种爆炸、触电、交通事故、灼烫、潜水伤害、各类污染、职业伤害、爆破伤害、中毒、透水等各种可能危害。

(5)重点环节的差异性

石油行业 HSE 体系主要为"两书一表":对共性风险控制编制作业指导书、对动态风险控制编制作业计划书或风险管理单、强化 HSE 检查表。而以港珠澳大桥主体工程为代表的交通建设工程 HSE 体系的重点环节为组织机构、预控防范、制度规程、宣传培训、应急保障、检查考核的六位一体。

(6) 管理策略的差异性

石油行业 HSE 体系管理策略主要为：有感领导、直线责任、属地管理、一岗双责。而以港珠澳大桥主体工程为代表的交通建设工程 HSE 体系的管理策略为：伙伴关系、直线责任、属地管理、一岗双责。

(7) 体系任务的差异性

石油行业 HSE 体系任务是"健全 HSE 制度标准：干什么，怎么干；完善 HSE 培训系统：学什么，怎么学；改进 HSE 绩效管理：管什么、怎么管"。而以港珠澳大桥主体工程为代表的交通建设工程 HSE 体系的管理策略为"建立 HSE 管理与质量管理的桥梁；建立各参建单位与业主单位的桥梁；建立各项国家和地方要求与工程建设特点的桥梁；建立各风险类别和措施的程序和规程桥梁"。

(8) 组织管理模式的差异性

石油行业 HSE 体系的建立和运行模式是以生产企业为对象，体系针对一个企业（行业）内部，最大特色是体系以 HSE 管理方案 + HSE "两书一表"为骨架。港珠澳大桥主体工程为代表的交通行业建立 HSE 管理体系的建立和运行模式是：以工程项目为依托，以业主或总承包人为主体，其他参建单位为重要组成部分，共同融合为一个 HSE 管理体系的组织。其特色为：

①管理文件的两层、三阶模式：业主层、承包人层，HSE 管理导则（管理计划）、管理程序、管理制度（含应急预案、检查表）组成三阶结构；

②管理环节的六位一体：组织机构、预控防范、制度规程、宣传培训、应急保障、检查考核；

③体系文件简洁化：施工单位按照所承包标段风险建立体系。

6.4.3 管理重点异同性分析

港珠澳大桥主体工程为代表的交通基础设施建设 HSE 管理体系，是借鉴石油行业 HSE 管理体系、再创新的产物，因此两者均是体系化管理，从基本框架、理念目的、指导原则、管理范畴、管控内容、管控对象、危害因素等方面，具有高度的一致性；在具体要素组成、风险管控、生产和资源特点、生产人员和条件、重点环节、管理策略、体系任务、组织模式等操作层面，具有明显的差异性。最大的区别在于前者是针对工程为对象的 HSE 管理体系，后者是针对所属企业内部为对象的体系。

6.5 与交通行业常规管理的异同性分析

6.5.1 行业内法规、管理要求对比

近些年,交通运输行业为加强工程建设安全生产,印发了一系列重要的文件,这些文件对强化工程建设过程中的风险管理提出了明确要求,并提供了强大支撑。这些文件与已颁布的国家安全生产、职业健康、环境保护法律法规、规章、规范、标准共同构成了公路工程建设活动的风险管理的约束性要求。行业主管部门印发的管理文件节选,见表6-4。

行业主管部门印发的管理文件节选　　　　表6-4

序号	时间	文件	工程建设相关内容摘录
1	2017.5.17	交通运输部关于印发《深入开展平安交通专项整治行动方案》的通知	通过深入开展平安交通专项整治行动,对安全生产风险和隐患要实施动态管理、持续跟踪,有效管控重大风险、切实消除重大隐患。继续推进公路水运建设工程质量安全隐患大排查大整治专项行动,重点抓好专项整治工作
2	2017.5.10	交通运输部安委会关于切实加强安全生产工作的紧急通知	突出重点领域安全监管。加强公路水运工程建设安全管理,强化临山临水工棚以及高空作业的现场检查,严格执行安全操作规程,加强高边坡工程、桥梁隧道工程的施工监控,防止高处坠落、坍塌、冒顶等事故发生
3	2017.5.5	交通运输部关于印发《公路水路行业安全生产风险管理暂行办法》《公路水路行业安全生产事故隐患治理暂行办法》的通知	加强公路水路行业安全生产风险管理,规范安全生产风险辨识、评估与管控工作,防范和遏制安全生产事故。加强和规范公路水路行业安全生产隐患治理工作,督促从事交通运输生产经营活动的单位落实安全生产主体责任
4	2017.5.5	交通运输部办公厅关于印发《公路水路行业安全生产监督管理工作责任规范导则》的通知	各级交通运输管理部门科学准确界定公路水路行业安全生产监督管理责任,规范安全生产监督管理履职行为
5	2017.2.10	《公路水运工程生产安全事故应急预案》(征求意见稿)意见征集采纳情况	在预警分级和事件分级标准、信息报告要求、分级响应及响应行动、应急保障措施等方面规范
6	2017.2.6	交通运输部安委办关于切实加强恶劣天气条件下安全生产的警示通知	针对当前的极端天气条件和春运特点,切实以高度负责的态度,狠抓安全工作落实,有效防范和坚决遏制重特大安全生产事故发生
7	2017.1.16	交通运输部办公厅关于开展公路水运品质工程示范创建工作的通知	开展公路水运品质工程示范创建,重点培育一批示范创建项目,引导全行业扎实推进品质工程建设,全面提升公路水运工程质量安全水平
8	2016.10.14	交通运输部安委办关于进一步规范推进企业安全生产标准化建设工作的通知	规范交通运输企业安全生产标准化建设工作

续上表

序号	时间	文件	工程建设相关内容摘录
9	2016.7.28	交通运输部关于印发《交通运输企业安全生产标准化建设评价管理办法》的通知	推进交通运输企业安全生产标准化建设,规范评价工作,促进企业落实安全生产主体责任
10	2016.6.23	交通运输部办公厅关于做好2015年度公路水运建设项目"平安工程"冠名工作的通知	公路水运工程"平安工程"冠名申报、推荐工作
11	2016.5.16	交通运输部关于印发公路水运建设工程质量安全督查办法的通知	印发《公路水运建设工程质量安全督查办法》
12	2016.4.15	关于开展公路水运工程"平安工地"建设情况调研的函	完善"平安工地"建设征询意见
13	2016.4.1	交通运输部关于印发公路水运工程施工企业主要负责人和安全生产管理人员考核管理办法的通知	印发公路水运工程施工企业主要负责人和安全生产管理人员考核管理办法
14	2015.12.23	交通运输部关于印发"平安交通"建设行动方案的通知	以实施现有公路安全生命防护工程和危桥改造为重点,推进"平安公路"建设
15	2015.10.28	交通运输部关于印发公路水运工程建设重大事故隐患清单管理制度的通知	印发《公路水运工程建设重大事故隐患清单管理制度》(1.公路工程重大事故隐患清单(行业基础版);2.水运工程重大事故隐患清单(行业基础版))
16	2015.8.17	交通运输部办公厅关于开展水运工程施工标准化示范创建活动的通知	通过项目试点,切实将水运工程质量安全的法律法规、技术标准以"标准化"的形式全面落实到基层,落到施工现场,促进各方质量安全主体责任落实
17	2014.11.05	交通运输部办公厅关于做好2014年度公路水运建设项目平安工程冠名工作的通知	公路水运工程"平安工程"冠名申报、推荐工作
18	2014.10.21	交通运输部安委办关于加强在建公路工程项目施工驻地和设施安全管理工作的通知	加强在建公路工程项目施工驻地和设施安全管理工作
19	2014.6.17	交通运输部关于推进安全生产风险管理工作的意见	加强安全生产风险管理

而港珠澳大桥主体工程建设过程HSE体系中,也必须要结合工程实际严格落实这些规范。这些规范必然成为本体系的组成部分,而且要结合工程施工的组织特点、工法、工艺、人员、组织等条件,通过体系内设置的程序文件、管理制度、操作规程、作业程序进一步细化到工程建设的各相关单元,确保落实各项规定,保障工程建设与HSE管理的协调耦合。同时,HSE体系专门有程序文件规定,定期(动态进行重要文件查收,将各类新规定随时纳入体系文件,

每半年对体系中重要文件进行合规性评价、纠正完善，每年进行年度完善，视修改内容多少进行版本升级）更新国家、地方、行业的各项法律法规、规章制度、通知文件等规定，到 HSE 体系匹配的法律法规集，对影响大的规定及时落实到体系文件的修订中。

交通行业工程建设中职业健康、安全和环境保护，在主管部门职能设置上分属不同的内设部门来管理，这也决定了工程建设中职业健康、安全与环境保护管理政策出台的分置。而工程建设在有限的人力和建设条件下，落实安全生产、职业健康和环境保护责任，三者一体化管理可以节约大量的人力物力，而且更有较强的可操作性。

从参建施工承包人来看，职业健康、安全体系与环境体系两个体系在管理目的、对象的特点不同，两个标准之间存在着较大的差异。环境管理体系服务于众多的相关方的需要和社会对环境保护不断发展的需要，职业健康和安全管理体系服务于职业安全卫生条件影响的企业内部员工和外部来访者，两个体系自成系统，各司其职。加上多数的组织负责环境保护和安全卫生的一般不是一个部门，因此，多数组织在实施体系时都采用了各自独立的体系，体系之间没有或很少有交叉，这种多体系和大量重复文件的情况导致企业管理效率降低，相同的工作重复，且难以控制和实施。但是在交通工程建设过程中，环境因素和危险源之间存在着必然的内在联系。在管理体系的实施和运行中就会存在以下问题：一方面，一些组织为了满足不同标准的需要，不得不做重复劳动、重复内审、重复管理评审的现象，导致管理体系运行效率低下；另一方面，依据不同的管理构架建立两个不同的管理体系，形成企业内部相互协调的工作量很大，也会出现质量、环境、安全卫生的管理部门从各自负责的专业范围和管理责任出发，出现争资源、政令不统一、信息不能共享、甚至互相排斥的情况。

交通工程建设过程建立和实施一体化管理体系是强化企业管理、增强竞争实力、适应国际认证发展大趋势、建立一致性管理基础、科学调配人力资源、优化组织管理结构、提高管理工作效率、降低成本、提高经济效益的需要，是组织生存和发展的需要。一体化管理体系可行性主要表现在：两个体系标准一致的基本原理，留有接口、过程方式、预防为主、持续改进、PDCA 循环；两个体系相同或相似的要素；如两个体系的结构和运行模式基本相同；两个标准体现的管理原则相同；两个标准的管理要求有很多相似之处；两个标准要求的管理手段和方法基本一致；目前 ISO 14001 与 ISO 18001 标准已经兼容，要素结构流程完全一致，并有国内外一些组织建立一体化管理体系的成功经验和模式。通过分析以工程项目为对象建立一个参建单位与建设业主单位遥相呼应的、一体化的管理体系比参建单位各自独立建立运行体系有利有益。HSE 体系化管理的全部要素功能，是完善和健全以上问题的最好对策。

6.5.2 平安工地、安全标准化管理对比

（1）理念目标一致性

交通行业平安工地、安全标准化管理和港珠澳大桥主体工程 HSE 体系管理的理念都是要

与生产密切结合、符合可持续发展的要求,这也正是它值得在各类组织管理中进行深入推行的原因,它主要体现了以下管理思想和理念:

①注重领导承诺的理念;

②体现以人为本的理念;

③体现预防为主、事故是可以预防的理念;

④贯穿持续改进可持续发展的理念;

⑤体现全员参与的理念。

(2) 总体要求的一致性

交通行业平安工地、安全标准化管理和港珠澳大桥主体工程HSE体系管理,在总体要求方面具有一致性。行业平安工地、安全标准化管理和HSE体系管理均注重强调"人、机、环、管"的有效组织、最优配置、动态调整、闭环检查等方面,均是通过制度、程序、机制、文件、规范来统领人力、机构、环境、设备、设施。主要实施要点包括:

①强调领导的责任和作用;

②建立组织机构,做好人力资源配置、资金配置、培训工作及资料管理;

③风险评价和隐患治理;

④制定应急管理措施。

这四项要素之间紧密相关、相互渗透,在体系运行中,须将诸要素联系起来,共同发挥作用,以满足要求,确保健康和环境管理体系的系统性、统一性和规范性。

(3) 生产人员和条件的一致性

交通行业平安工地、安全标准化管理和港珠澳大桥主体工程HSE体系管理,都有面向工程建设的系统要求,工程建设所包含的生产人员和条件方面具有一致性。交通建设工程建设,人员组成不稳定,管理层、执行层、作业层人员文化素质差异大,多个不同性质的单位共同施工;建设业主、总承包方、施工方,来源多元,不确定性大,组织方式多样,伙伴关系相对松散;工作条件多变、野外作业为主、外部环境恶劣、天气影响、相对工作和生产条件较差;工程难易程度不同,工期长短不同。工程建设的地点、环境、任务、场所是变动的,设备设施是移动的,人员随着工程的要求重新组合、使得风险防范措施有临时性和机动性。

(4) 管控对象的一致性

交通行业平安工地、安全标准化管理和港珠澳大桥主体工程HSE体系管理内容,都是全体人员、全过程活动、所有机械设备和设施、相关的环境等。包括:所有进入工作场所的人员(含合同方人员和访问者),全过程管理(生产或服务;员工、生产、社会的和谐);所有进场人员的活动、企业生产常规和非常规的活动、工作场所的设施(无论由本组织还是由外界所提供)、事故及潜在的危害和影响、以往活动的遗留问题,程序化科学管理方法、融合法律法规、技术完整、设备、设施本质安全、人员等内容的规程控制。

(5) 危害因素的一致性

交通行业平安工地、安全标准化管理和港珠澳大桥主体工程 HSE 体系管理的危害因素，都是来自于工程建设过程不安全因素和环境社会不安全因素所导致的管理失误、物的不安全状态和人的不安全行为等。主要包括：机械伤害、起重伤害、高空坠落、淹溺、坍塌、火灾、物体打击、船舶碰撞、各种爆炸、触电、交通事故、灼烫、潜水伤害、各类污染、职业伤害、爆破伤害、中毒、透水等各种可能危害。

(6) 管理形式（模式）的差异

交通行业安全生产、职业健康和环境保护常规管理是宽泛和基础要求，港珠澳大桥主体工程为代表的交通基础设施建设 HSE 体系管理是更具体的组织模式和落实模式。前者是基于问题导向和共性需要的管理要求集合，后者是更紧凑的体系化管理。两者最大差异在于 HSE 体系管理完全兼容了常规安全生产管理的所有内容，并根据工程风险源特点，增设了具体的管理程序、细化了管理操作规程和作业指导书，确保了工程建设质量与安全生产管理的协同。通过这套体系，将建设业主与所有施工承包人、监理人、咨询方等参建单位的安全生产管理无缝对接起来，参建单位安全生产管理建立了紧密联系，实现控制各类安全、健康和环境风险。

①公路工程常规安全生产管理模式中，建设业主单位与施工承包人、监理人安全管理通过施工承包合同和安全生产法律法规建立了建设业主与参建单位的安全管理联系，但因为安全管理的三阶文件（细化文件）缺失，使得这种安全生产联系不够紧密，没有有效管理机制，没有细化的操作规程。

②公路工程常规安全生产管理模式中，没有要求施工承包人建立针对所承包标段工程特点的具体安全管理要求，致使承包人项目部制定的安全保证体系、突发事件应急预案及安全施工方案等，都是拼凑应付式的，制定的安全管理方案脱离了工程项目的具体情况，缺少实用性，不能贯彻落实。

③公路工程常规安全生产管理模式中，建设业主因为安全生产文件的系统化弱，尤其是动态改进机制不健全，头疼医头脚疼医脚，机制闭环性差，因此对施工承包人和监理人的安全生产管理考核，没针对性和可操作性。因为缺少安全生产管理的细化要求、管理制度、责任分担、评价标杆等内容，对承包人和监理人如何具体管理风险没有一体化的对应要求，使得承包人和监理人无法将安全管理及监督落到细处。

(7) 实施过程和要素结构的差异

交通行业平安工地、安全标准化管理和港珠澳大桥主体工程 HSE 体系管理，在实施过程、要素组成、管理形式上均有一定差异。平安工地、安全标准化管理，其实施过程是抓安全生产的重点环节，是一种非动态过程模式，是一种非体系化管理；平安工地是从管理方式上制定要素，安全标准化是从管理内容上制定要素。而港珠澳大桥主体工程 HSE 体系管理是基于"策划—实施—检查—改进"(PDCA)的运行原理,编制体系;是一种体系化管理,遵从标准化管理的要求设计要素。

(8)标准依据的差异

交通行业平安工地、安全标准化管理和港珠澳大桥主体工程 HSE 体系管理,在标准依据上有一定差异。平安工地、安全标准化管理,是一种标准化建设考评,非标准化管理。HSE 体系管理整合安全、职业健康和环境管理体系(国际 OSH-MS ＋ ISO 14001、国内 GB/T 28001—2001 ＋ Q/SY 1002.1—2007)等标准。

(9)管理范畴的差异

交通行业平安工地、安全标准化管理和港珠澳大桥主体工程 HSE 体系管理,在管理范畴上有一定差异。平安工地、安全标准化管理,更关注职业危害防治管理、安全生产管理。而以港珠澳大桥主体工程为代表的交通建设工程 HSE 体系,是安全生产、职业健康和环境保护三位一体化的管理模式。

(10)管理策略的差异性

平安工地、安全标准化管理,更关注职业危害防治管理、安全生产管理,坚持"以人为本、安全第一、预防为主、综合治理"的方针,一岗双责,强化"本质安全"的理念、强化安全生产责任落实、强化安全风险预控措施。而以港珠澳大桥主体工程为代表的交通建设工程 HSE 体系的管理策略为,"伙伴关系、直线责任、属地管理、一岗双责"。

6.5.3 管理重点异同性分析

港珠澳大桥主体工程建设过程,高危险作业密集,易发生安全和环境事故发生,造成人员伤亡、财产损失、能源资源消耗、生态破坏。各管控对象之间并非各自独立,而是相互关联。为将大桥建成为绿色环保示范工程,避免重大的健康、安全与环境问题,是支撑该工程高质量完成的极其重要的内容。采用传统的安全环保管理模式,无法适应大型跨海桥隧工程建设过程的特殊性、复杂性,无法满足其职业健康、安全和环保管理需求,必须通过并运用系统控制理论进行顶层设计,研究制定解决方案。

以港珠澳大桥主体工程为代表的交通建设工程 HSE 体系,即交通运输行业的重大工程建设安全管理模式,是"平安工地"创建和安全标准化基础之上的以工程为对象、由建设业主单位和参建承包人共同组成的体系化安全管理模式。它是以风险管理体系为平台,考虑平安工地建设和安全标准化建设,面向安全、环保、职业健康多方面风险控制要求,以具体工程项目为载体,融合各个参建单位的管理方式,实现施工全过程、各环节风险受控的管理模式。该类管理,有别于交通行业常规的工程安全生产管理模式,也不同于泛泛的 HSE(职业健康、安全、环保)体系管理,其实质是适应交通行业管理要求的、强化版的工程建设 HSE 管理(表 6-5)。通过港珠澳大桥的工程建设实践来看,该体系化安全管理模式,有效保障了工程建设安全与生态风险处于受控状态。

HSE 管理架构的最大异同性 表 6-5

项　目	常规的交通安全环保管理模式	港珠澳大桥主体工程 HSE 体系
最大相同	均是工程建设安全、环保生产管理	
最大区别	非体系化管理，松散管理。以行政命令、非系统性文件来实施，基于事故推动，运动式管理，重点在安全生产、职业健康，而对环境保护管控相对较弱，对大风险环节缺少业主深度参与。工程 HSE 管理文化因参与方而多元，仅重建设过程，仅重结果考核，缺少全过程受控	体系化管理，以工程为对象，由建设业主单位和参建承包人共同组成的体系化管理模式。体系管理补充了法律、法规、规章在工程建设中风险薄弱的地方。将参建单位管理文化统一到工程整体中。过程风险管理，包括设计、施工、运营的全过程管理。兼容和严格落实常规安全生产标准化和平安工地建设管理的所有内容，并增设具体管理程序、细化管理操作规程和作业指导书，实现质量与风险管理融合

　　交通行业安全生产、职业健康和环境保护常规管理是宽泛和基础要求，港珠澳大桥主体工程为代表的交通基础设施建设 HSE 体系管理是更具体的组织模式和落实模式。一个是更紧凑的体系化管理，一个是基于问题导向和共性需要的管理要求集合。从理念目标、总体要求、生产人员和条件、管控对象、危害因素等方面，具有高度的一致性；在管理形式（模式）、实施过程和要素组成、标准依据、管理范围、管理策略等操作层面，具有明显的差异性。交通行业工程建设中职业健康、安全和环境保护管理，职能分属不同部门，使管理政策出台分置。而一体化管理可以节约大量的人力物力，有更好的实施效果。HSE 管理体系框架是健康、安全、环境管理与建设施工专业化结合的产物，是应用伙伴关系的风险管理体系成果，具有更好适用性。HSE 体系管理完全兼容和严格落实了常规安全生产标准化和平安工地建设管理的所有内容，并增设了具体的管理程序、细化了管理操作规程和作业指导书，确保了工程建设质量与安全生产管理的协同。

6.6　体 系 概 要

　　（1）港珠澳大桥主体工程建设的复杂性，成为 HSE 体系化管理的必然

　　港珠澳大桥主体工程 HSE 体系化管理是风险管理复杂性的需要、落实跨区域多方管理规定的需要、落实 HSE 高规格要求的需要、管理创新的需要。工程建设采用了多种新工艺、新方法，其配套的安全、健康、环保措施也要相应的有所创新。HSE 管理的创新方向：

　　①风险管控对象需要创新；

　　②风险管控技术需要创新；

　　③风险管控内容需要创新；

④风险管控模式需要创新。

发端于石油行业的HSE管理体系,是目前国际上最为严格的风险管理模式,在复杂风险管理方面具有持续改进、风险前置、闭环控制等方面无可比拟的优势和能力,理所当然地被考虑到引入本工程建设的HSE管理过程中,寄望于此模式避免出现大的职业健康、安全生产和环境保护事故,实现HSE方面的危害最小化。

(2)体系化管理的先进理念耦合了大型工程建设的管理实际

建立HSE管理体系首要的是要树立正确的HSE理念,并把它们作为一切HSE政策和行为的最高准则,使员工从思想上理解和认同这种管理体系,从而产生内在的驱动力,所以HSE理念是HSE管理的灵魂所在。HSE体系理念主要包括:注重领导承诺的理念;体现以人为本的理念;体现以风险为核心、以预防为主、事故是可以预防的理念;贯穿持续改进、可持续发展的理念;体现参与建设的全员参与的理念。现代安全管理的发展过程可分为经验管理—制度管理—预控管理3个阶段。预控管理是安全管理的最后阶段,也是安全管理的最高阶段。引入HSE管理体系理念,实施一体化管理,可以有效满足大型跨海桥隧工程建设管理的特殊性要求。但和石油行业生产管理活动相比,大型跨海桥隧工程项目建设管理具有管理活动的一次性、管理目标临时和短期性、管理周期的不可重复性以及实施主体的多样性等特点。

(3)大型工程建设的HSE管理需要行业深化研究和改进

石油石化行业HSE体系是以隶属关系为主构筑的系统,系统上层对各隶属子系统具有行政约束性,业务相对固化,生产过程具有周期性等特点;而交通建设工程HSE管理体系是以合约关系构筑的系统,属于各自相对独立和开发的系统,生产过程相对复杂,具有不可恢复性和一次性、临时性及实施主体多样性的特点。在交通运输行业生搬硬套石油化工的安全、环境与健康(HSE)管理体系并不完全适合交通运输行业基础设施建设的特点。

大型跨海桥隧工程项目HSE一体化管理,得益于开展国家科技支撑计划项目专项研究。科研单位借鉴标准化管理规范,结合行业管理实践,应用系统论、控制论、信息论的基本原则,通过改进、优化、融合,建立了一个能够覆盖工程建设过程,与工程质量管理体系等有机融合成,并有效运行的集约化管理模式。在《交通基础设施建设职业健康安全环境一体化管理技术指南》指导下,构建了以建设项目业主为主体、各参建单位为组成部分的HSE管理体系,明确了构成要素和各类重大风险控制环节,提出了管理多个单元、多个组织、多个领域的控制程序和作业规程,并要求工程承包单位建立相应标段的HSE管理体系,首次在交通领域重大工程开展了HSE体系应用的系统示范。技术指南包括三个部分:《第一部分:HSE管理体系规范》《第二部分:建设施工HSE实施规程》《第三部分:HSE管理工具》。

（4）港珠澳大桥主体工程 HSE 体系管理模式特殊的"两层四阶"模式

风险管控对象从以单位为对象（石油行业），提升到以工程为对象，建立多环节、多因素、多方法相协调的建设业主和参建单位共同组成的集成管理平台和多目标、多组织、多体系相融合的伙伴关系管理机制，适应了交通和建设行业特点。一是业主建立体系的第一级文件（一层），即业主在可研阶段，要对项目可能存在 HSE 风险进行充分辨识与分析，建立相对应的管理文件，编制合同管理 HSE 要求，便于投标人快速领会并融入其中；二是无须承包人所在的母公司（或上级公司）建立相同的体系，只需承包人在投标阶段了解业主的体系管理要求，在中标后的规定时间内，根据业主的体系架构和要求，建立适合于业主管理要求的二级和三级体系文件（二层）；三是体系文件与项目密不可分，即项目组建时体系开始形成并逐步完善，项目结束时体系终结。HSE 导则为第一阶文件，HSE 程序文件为第二阶文件，HSE 各项管理制度为第三阶文件，检查表、记录为第四阶文件。

（5）港珠澳大桥主体工程 HSE 体系实施与运行

大型跨海桥隧工程涉及面广，参与方众多，主要分为建设单位（业主）、设计/咨询单位、工程监理单位（监理人）、工程建造单位（承包人）等。其中，业主（即项目建设单位）是项目法人单位，在项目全寿命周期内属主导地位，对通过合约方式同项目各方（设计/咨询方、监理人、承包人等）建立合作伙伴关系，并利用各项合同协议约定实施管理协调职能。在 HSE 管理方面，业主需承担 HSE 管理统筹协调与主导责任，其主要职责为按照各项法律法规要求，选择具有相应资质的各参建单位，并监督/指导参建各方履行 HSE 职责。设计/咨询方主要为业主提供有关 HSE 方面的技术服务和支持，并在工程方案设计阶段履行"三同时"设计职责。监理方受业主方委托，对工程建造过程实施监督管理，其 HSE 表现及责任亦对业主方负责。承包人为工程建设实施过程的主体责任单位，应该遵循法律法规和合同条款，落实工程施工过程各项 HSE 措施，完成合同约定工程建设内容，并对所承担工程建设过程的 HSE 表现负责。

（6）港珠澳大桥主体工程 HSE 一体化管理"1431 模式"

通过研究和实践，以港珠澳大桥主体工程为代表的交通基础设施建设 HSE 体系管理，可以总结出特色的工作模式。

"1 个模式"

以工程项目为对象，各参建单位配建适应性的管理体系。

"4 个机制"

HSE 管理体系一体化，包括整合安全、职业健康和环境管理体系（OSH-MS、ISO 14001）；

管理方式分级响应：依照风险分级设置不同防控措施；

自上而下的 HSE 承诺；

持续改进的管理机制。

"3 个特色"

管理文件的两层、四阶模式：业主层、承包人层；HSE 管理导则（管理计划）、管理程序、管理制度（含应急预案等）、检查核查记录（检查表）；

管理环节的六位一体：组织机构、预控防范、制度规程、宣传培训、应急保障、检查考核，形成统一的重点风险防控与管理环节；

体系文件简洁化：施工单位仅按照所承包标段风险建立体系。

"1 个目标"

追求"零伤害、零污染、零事故"。

(7) 港珠澳大桥主体工程 HSE 一体化管理示范成效显著

HSE 体系化管理在港珠澳大桥主体工程所有标段，包括 7 个桥梁标段、1 个岛隧标段、1 个建设单位业主，进行了适宜性验证和示范应用，开展了所有监理标（7 家）适应性管理示范方案，形成了多项成果。HSE 管理体系进一步推动了本体系与工程建设各环节的紧密结合，落实了实施体系的各项制度和程序要求，建立了风险控制的适应性机制，在工程建设管理中取得了显著成效。主要体现在：

①建设业主的 HSE 管理体系的文件结构、类型、功能符合安全、环保、职业健康的各项法定要求；覆盖了主体工程建设的全部 HSE 管理范畴，程序文件中部门之间、业主与承包人之间的职责划分明确、管理流程清晰；管理规定文件对局内各部门和承包人等参建单位具有较好的指导性。

②建设业主的 HSE 导则、程序文件、管理规定、应急预案、检查标准和记录等，构成了系统的风险管理体系和无缝连接的动态管理程序，对主体工程建设 HSE 管理提供了有力支撑，其运行效果满足主体工程建设 HSE 管理的需求。

③工程建设过程中减少了安全、职业卫生和环境事故的发生，将职业卫生安全和生态风险的影响降低到了最低程度，为技术复杂、建设高标准高要求工程的成功建设提供了保证。

(8) 以港珠澳大桥主体工程为代表的交通建设工程 HSE 体系管理模式，适应了行业工程建设的发展潮流

实施工程建设 HSE 体系管理，可提高我国重大工程建设中职业健康、安全、环保、生态的保障水平，提升国家基础设施建设的产业竞争力和国际声誉。工程建设 HSE 体系管理适用性体现在：

①适应了工程建设管理的复杂性；

②适应了最严苛的三地管理法规；

③适应了公路工程风险管理要求；

④适应了行业工程建设组织形式；

⑤适应了高规格风险控制的目标；
⑥适应了风险控制的国际化趋势；
⑦适应了一体化管理的现实要求。

2016年交通运输部印发《关于实施绿色公路建设的指导意见》（交办公路〔2016〕93号）和《关于打造公路水运品质工程的指导意见》（交安监发〔2016〕216号），明确提出在公路建设中"……探索应用健康、安全和环境三位一体（HSE）管理体系……""鼓励应用质量健康安全环境四位一体管理体系（QHSE管理体系），推进管理标准化"的要求。可见，基于港珠澳大桥从2010年开始至2016年HSE管理实践取得成功后，在行业管理文件中已首次提出推广应用要求。

(9) 石油企业(集团)内部管理与以工程为对象伙伴关系管理的区别

港珠澳大桥主体工程为代表的交通基础设施建设HSE管理体系，是借鉴石油行业HSE管理体系、结合工程建设特点再创新的产物，因此两者均是体系化管理。石油石化行业HSE体系是以隶属关系为主构筑的企业内部封闭管理系统，系统上层对各隶属子系统具有行政约束性，业务相对固化，生产过程具有周期性等特点；而交通建设工程HSE管理体系是以合约关系构筑的系统，属于各自相对独立和开发的系统，生产过程相对复杂，具有不可恢复性和一次性、临时性及实施主体多样性的特点。在交通运输行业生搬硬套石油化工的安全、环境与健康(HSE)管理体系并不完全适合交通运输行业基础设施建设的特点。

但因为两者均是体系化管理，所以从基本框架、理念目的、指导原则、管理范畴、管控内容、管控对象、危害因素等方面，具有高度的一致性。但石油行业也存在外包部分的HSE管理，但不是主要管理内容，行业管理模式也是封闭自用为主；而交通行业以对外承包为主，其HSE管理内容是以开放为主，所以在具体要素组成、风险管控、生产和资源特点、生产人员和条件、重点环节、管理策略、体系任务、组织模式等操作层面，具有明显的差异性。最大的区别在于以港珠澳大桥主体工程为代表的交通基础设施建设HSE管理体系是针对工程为对象的HSE管理体系，石油行业HSE管理体系是针对所属内部企业为对象的体系。

(10) 体系化管理与非体系管理的区别

交通运输行业传统安全生产和环保管理，以法律、法规、规章为依据，更多的是通过行业行政命令、非系统性的制度文件来实施管理，这种管理往往基于事故推动的管理思维，实施运动式的管理行为，重点在安全生产、职业健康，而对环境保护管控相对较弱，管控点实施的主体更多的侧重各承包人，对大的风险环节缺少建设业主的参与、许可等管理行为。而多个承包人受制于各自企业自身诉求及企业特有管理文化，在所承包的工程项目中就会呈现出众多的管理理念、管理方式。同时，由于机制问题、人力资源投入限制，建设业主更多的关注最终效果，而不去关注管控过程，容易产生风险薄弱环节。而港珠澳大桥主体工程HSE管理模式，能够在最短的时间内，使各承包人HSE管理融入建设业主建立的HSE管理体系中，通过程序文件建立了建设业主与承包人紧密的合作关系,使 HSE 管理目标、模式、行为在各参建单位中高度统一,避免了仅依靠施工承包合同而带来的职业健康、安全、环保管理松散弊端。这种模式充分结合项目特点和需求,便于业主统筹各方资源,不断提升 HSE 管理水平,最终实现项目建设目标。另一方面,港珠澳大桥主体工程 HSE 管理模式是基于项目全寿命周期的安全管理模式或安全管理文化,而传统的行业安全管理更侧重于施工建设过程的阶段。

第 7 章 港珠澳大桥主体工程 HSE 管理要点及示范

港珠澳大桥主体工程建设具有生产流动性、施工多样性、综合协调性和劳动密集型特点，多种不同管理模式的项目参与方众多。HSE 管理体系的核心是工程施工过程的风险源辨识、风险分析、风险估测和风险控制。基于风险源辨识，设置管理的模式、方式、程序、宽严程度、操作规程，将传统施工过程管理中相对割裂、独立的各环节融会贯通、扣扣相连、闭环运作，全方面深层次覆盖施工企业安全环境管理中的诸多因素，耦合系统过程控制的风险预防措施。HSE 管理要求是，业主应根据项目特点建立 HSE 一体化管理体系，辨识工程的总体风险因素，提出重大风险控制环节，明确本体系的构成要素、管理策略、控制程序、管理文件和具体落实方式。各参建承包人需依照项目建设业主的 HSE 管理体系，紧密结合各自合同段的工程内容、各自单位的管理方式，成立承包人与业主对应的组织机构，并建立各自单位、各自合同段的 HSE 一体化管理体系，实施与业主动态衔接的 HSE 管理机制。

7.1 总承包方（建设业主）HSE 管理要点

7.1.1 职业健康安全环境管理体系

（1）总要求

业主或总承包人应依据本工程构建 HSE 体系的规范，建立健康安全环境管理体系，形成文件，并在工程建设中实施、保持和持续改进这些文件规定。业主或总承包人应首先辨识工程建设中的各类风险源及其风险，明确风险控制所需的程序及其在工程建设管理中的应用方式；确定这些控制程序的应用顺序和相互嵌套关系，并将各参建单位的健康安全环境管理的隶属关系设置于程序中；确定这些程序有效运行所需的准则和方法；确保可以获得与工程施工风险管理相适应的资源和信息，以支持这些程序的运行；检查和监测、分析各类程序、事件和事故管理的有效性；实施必要的措施，以实现这些程序的策划结果；按本工程要求管理和持续改进这些程序。总承包人向业主负责，承包人向总承包人负责，逐级服从责任人对施工现场的健康安全环境管理。

(2) 文件要求

业主或总承包人建立健康安全环境管理体系文件结构,各参建单位依照文件结构建立自身体系,具体内容包括:①业主或总承包人是健康安全环境管理体系的实施主体,应按本工程构建 HSE 体系对建设业主单位的规范要求对健康安全环境管理体系中的各项管理活动进行策划。策划的结果用于工程建设施工过程的健康安全环境管理。②承包人是健康安全环境管理体系的重要组成部分,在参与投标前应按照指南《第二部分:规程》建立承包人健康安全环境管理体系,落实健康安全环境管理技术。③其他仅参与了少量工程施工的参建单位,如果其风险构成仅是总体工程的一小部分时,视其风险影响程度,由总承包人(建设业主)决定是否建立职业健康、安全与环境管理体系。

(3) 文件控制

应对健康安全环境管理体系文件进行控制,编制形成文件的程序,以确保体系文件的充分性和适宜性;告知岗位人员使用适用文件的有关版本;对健康安全环境管理体系的电子文件使用予以控制;采取有效措施防止对过期文件的非预期使用。

(4) 记录控制

应对健康安全环境管理体系运行提供的证据而建立的记录,予以控制。应编制形成文件的程序,采取措施确保记录有可追溯性。

7.1.2 管理职责

(1) 领导承诺、方针和责任

主要负责人应按照法律法规赋予的职责,履行安全生产义务,并通过有关领导为建立、实施、保持和持续改进健康安全环境管理体系提供强有力的领导和自上而下的承诺。体系范围内的各部门、承包人和(或)相关方的领导都有责任为实现承诺做出努力,创造和维护良好的健康安全环境文化,以确保健康安全环境管理体系的有效运行,实现既定的健康安全环境承诺和目标。

(2) 健康安全环境管理方针和目标

其管理方针是在健康安全环境管理方面的指导思想和原则,是实现良好的健康安全环境业绩的保证。业主或总承包人制定健康安全环境管理方针和目标,形成文件,付诸实施,制定安全生产指标和考核办法。

(3) 策划

①安全风险评估。

业主或总承包人应制定程序,规定承包人在投标前对预承包的建设工程进行风险评估。风险评估的依据:

a. 交通运输部交质监发〔2011〕217 号通知《公路桥梁和隧道工程施工安全风险评估指南(试行)》;

b. 交通运输部交公路发〔2010〕175号通知《公路桥梁和隧道工程设计安全风险评估指南（试行）》；

c. 根据风险评估结果编制的风险评估报告，是投标文件之一。

②风险源辨识、风险评价和风险控制措施的确定。

风险源包括健康、安全、环境三个方面的因素（即危险源、有害因素、环境因素）。业主或总承包人应组织承包人持续辨识与工程建设活动有关的风险源和风险评价，并对它们进行科学的评价分析，确定最大风险程度和可能影响的最大范围，以便采取有效或适当的控制措施，把风险和影响降到最低或控制在可以承受的程度。

a. 危险源（有害因素）辨识、风险评价，应建立并保持程序，以持续进行具有或可能具有的危险源辨识、风险评价。

b. 环境因素识别、影响评价，应建立并保持程序，以持续进行环境因素识别、影响评价。

③法律法规和其要求。

应建立、实施和保持程序，明确主管部门，识别适用于其活动、产品和服务中风险源和风险管理的法律法规和其他应遵守的要求，并建立获取这些要求的渠道、方式；跟踪、掌握有关法律法规、标准规范的修订情况。应及时更新有关法律法规和其他要求的信息，并向在其控制下工作的人员和其他有关的相关方传达相关法律法规和其他要求的信息。

④目标、指标和方案。

应根据工程建设存在的重大风险，制定实现健康安全环境目标和指标及方案，包括健康安全环境目标和指标的职责、实施方法和时间表、可选技术方案、资金、运行和经营要求、相关方的意见。对方案进行评审，适时对方案进行修订。

7.1.3 资源的确定和提供

应为建立、实施、保持和持续改进健康安全环境管理体系提供必要的资源。为确保提供的资源适合于工程的规模特点以及健康安全环境风险控制的需要，应考虑来自各专业机构、各级管理者和健康安全环境专家的意见，且定期评审资源的适宜性。

（1）机构和职责

①机构。应按规定设置安全生产管理机构；应形成文件并予以沟通。应成立包括承包人在内的健康安全环境管理委员会。

②职责。应按照法规要求明确业主或总承包人、承包人和（或）参与建设各组织的健康安全环境管理的责任、权力。建立健康安全环境生产责任制，配备安全生产管理人员，并形成文件和予以沟通。业主或总承包人及承包人以层层签订健康安全环境责任书的方式，将健康安全环境生产各项职责得到有效落实。

③管理者代表。业主或总承包人的第一责任人应为高层管理成员，担任管理者代表，应明

确界定作用和权限;并组织体系范围内的承包人任命其管理者代表。被任命者其身份应对所有在本体系控制下工作的人员公开。

(2)能力、教育和培训

①能力。应以文件的形式确定在其控制下对完成工程建设健康安全环境有影响任务的人员都具有相应的能力;在控制范围内,按照资质标准配置相应的人员,明确岗位任职条件。项目经理、安全员、特种作业人员和特种设备操作人员等应按照国家法律法规的要求持证上岗;对工程建设的从业人员的能力进行管理,确保项目负责人、健康安全环境管理人员、施工作业人员和需要持证上岗人员的能力适应岗位需求。

②教育和培训。应建立、实施和保持程序,确保对体系范围控制下的人员进行相应的培训。根据法规编制培训矩阵,确保处于各管理层次人员和作业人员都意识到:符合健康安全环境方针、程序、风险控制要求的重要性;在工作活动中实际的或潜在的健康安全环境风险,以及个人工作的改进所带来的健康安全环境效益;在实现健康安全环境方针和管理体系要求中的作用和职责(包括应急准备和响应方面的作用和职责);偏离规定的运行程序的潜在后果。

(3)施工机具和安全设施

业主或总承包人对工程建设使用的施工机具和安全环保设施进行管理,是健康安全环境风险控制的重要保证。

①施工机具和安全设施的采购或租赁。

施工机具和安全设施实施采购、更新或租赁时,应按照市场准入规定,对施工机具供应方或租赁方进行评价和选择。应通过与其订立合同,明确施工机具质量、服务及风险的要求。应在进入施工现场前进行查验,验收合格后方可使用。对安装或拆卸方案进行评审。

②施工机具和安全设施的使用和维护。

施工机具和安全设施使用和维护是属地管理的重要内容之一。对施工机具和安全设施的使用、技术和安全、维修维护等应符合相关法定的要求。用于预防生产安全事故的设备、设施、装置、构(建)筑物和其他技术措施应执行建设项目安全设施"三同时"监督管理办法。

7.1.4 实施与运行

(1)沟通、参与和协商

①沟通。应建立、实施和保持程序,确保业主或总承包人与承包人就其工程建设过程中的健康安全环境风险与关注受其影响的各方进行沟通。建立沟通渠道,以一定的组织形式、联络方式方法和手段,对健康安全环境事务产生的关系进行疏通和协调,对干扰予以排除。沟通的内容:引导全体从业人员的安全态度和安全行为,逐步形成为全体从业人员所认同、共同遵守、带有本行业特点的安全价值观,实现法律和政府监管要求之上的安全自我约束。在工程项目健康安全环境管理机构网络图中注明各级第一责任的信息及例行沟通的规定。

②参与和协商。应建立、实施和保持参与和协商程序。通过适当参与和协商的活动,获取各相关方对改进健康安全环境业绩的支持。应告知关于参与和协商的安排。

③社区和公共关系。应就其工程建设过程的健康安全环境的风险和影响,与社区内关注组织健康安全环境绩效或受其影响的各方进行沟通,采取适宜的方式向工地周边相关方告知健康安全环境风险和防范措施。获取社区各相关方对改进健康安全环境绩效的支持。

(2) 分包方和(或)供应方

①分包方。应建立、实施和保持程序,以确保依据市场准入规定实施工程项目招标。对分包方实施评价和选择,应按照总承包合同的约定,依法订立分包合同,确定对分包方的健康、安全与环境要求,明确各自的责任。应对专业分包工程承担相关责任。对分包方的风险控制活动进行协调和监督检查。

②供应方。应建立、实施和保持程序,对供应方进行评价和选择,应通过签订采购合同的方式,规定供应方的责任,采取检验、验收等以确保供应方提供的产品或服务满足健康安全环境管理规定的要求。记录供应方档案。

(3) 职业健康

应按照法律法规、标准规范的要求建立、实施和保持程序。规定为从业人员提供符合职业健康法规要求的工作环境和条件,配备与职业健康保护相适应的设施、工具、安全防护用具和安全防护服装。定期对作业场所职业危害进行检测,在检测点设置标识牌予以告知,并将检测结果存入职业健康档案。对现场急救用品、设备和防护用品进行经常性的检维修,定期检测其性能,确保其处于正常状态。执行《建设项目职业卫生"三同时"监督管理暂行办法》。

(4) 作业许可

应建立、实施和保持作业许可程序,规定作业许可类型和内容,以及作业许可的申请、批准、实施、变更与关闭。通过执行作业许可程序、控制关键活动和任务的风险和影响,落实直线责任和属地管理。作业许可的范围包括但不限于:①建设工程施工许可;②需要临时占用规划批准范围以外场地的;③可能损坏道路、管线、电力、邮电、通信等公共设施的;④需要临时停水、停电、中断道路交通的;⑤需要进行爆破作业的;⑥落实高大模板支撑系统施工;⑦对危险性较大的分部分项工程的施工安全;⑧动火作业。对生态环境会产生重大影响的工程施工也视情况执行许可作业。

(5) 运行控制

应确定其控制下的健康安全环境风险的活动和任务,按照《建设工程安全生产管理条例》《建设项目环境保护管理条例》规定承包人的安全生产责任,不同职能部门和管理层次的管理者应针对这些活动和任务进行策划,策划结果应形成文件,以实施并保持健康安全环境风险的管理。确保施工活动在规定的条件下运行:

①应制定并落实安全生产规章制度、实施细则、作业指导书、操作规程、专项施工方案等健康安全环境风险控制措施；

②建设工程施工前应当对有关安全施工的技术要求，进行健康安全环境技术交底；

③确保施工现场的办公、生活区与作业区，职工的膳食、饮水、休息场所等符合卫生标准；

④应在施工现场有害危险气体和液体存放处等危险部位，设置明显的安全警示标志，安全警示标志必须符合国家标准；

⑤应当根据不同施工阶段和周围环境及季节、气候的变化，做好现场防护；

⑥应在施工现场建立消防安全责任制度；

⑦应遵守有关环境保护法律、法规的规定，防止建设项目产生新的污染、破坏生态环境；

⑧危险性较大的工程、施工现场临时用电应编制专项施工方案；

⑨危险性较大的施工作业应实施作业许可，对施工作业相关因素的变化应实施变更管理。

（6）变更管理

应建立、实施和保持程序，以控制施工图纸、施工方案、使用的物料、内部设施、施工机具、人员、过程（工艺）和程序等永久性或暂时性的变化，避免对健康安全环境产生有害影响及风险。

（7）应急准备和响应

应按规定建立安全生产应急管理机构或指定专人负责安全生产应急管理工作，以便预防和减少可能随之引发的健康安全不良后果和环境影响。应建立、实施和保持程序，建全工程建设施工应急救援体系。应定期评审其应急准备和响应程序，必要时对其进行修订，特别是在定期演练和紧急情况发生后。应按规定建立应急设施，配备应急装备，储备应急物资，并进行经常性的检查、维护、保养，确保其完好、可靠。

7.1.5 检查、监测和测量、整改、事故管理

（1）检查、监测和测量

应建立、实施和保持程序，对可能具有健康安全风险和环境影响的运行和活动进行检查；对关键特性进行监测；对健康安全环境绩效进行测量。主动性监视测量，即监视是否符合健康安全环境方案、控制措施和运行准则。被动性监视测量，即监视健康损害、事件（包括事故、未遂事故等）、疾病、污染和其他不良职业健康安全环境绩效的历史证据。如果监测和测量需要设备，应建立、实施和保持程序，对此类设备进行校准和验证，并予以妥善维护，应保存校准和维护活动及其结果的记录。

（2）合规性评价

应建立、实施并保持程序，以定期评价对适用法律法规和其他要求的遵守情况。对应遵守

的其他要求的遵守情况,可以和对法律法规遵守情况的评价一起进行,也可以分别进行评价。应保存定期评价结果的记录。

(3) 不符合、纠正措施和预防措施

应建立、实施并保持程序,确定有关的职责和权限,以处理实际和潜在的不符合,并采取纠正措施和预防措施。在纠正措施或预防措施中识别出新的或变化的风险源及控制措施,应要求对拟定的措施在其实施前先进行风险源辨识风险评价。采取的任何纠正或预防措施,应与问题的严重性相适应,并与面临的职业健康安全风险及环境影响相适应。应根据因纠正和预防措施引起的任何必要变化,对健康安全环境管理体系文件进行修改。

(4) 事件、事故管理

应记录已经影响或正在影响健康安全环境的各类事故(包括突发情况或管理体系的缺陷所引起的事故)。事故调查应尽可能及时开始,并考虑到事故现场、人员和环境保护的需要。事故调查的结果应形成文件永久性保存。

7.1.6 审核与评审

(1) 内部审核

应建立、实施和保持审核的方案和程序,确保按照计划的间隔和分级开展健康安全环境管理体系审核。应基于建设活动的风险评价结果和以往审核的结果,确定审核方案。策划和实施审核,应确定审核的准则、范围、频次和方法;报告审核结果和保存相关记录。审核员的选择和审核的实施均应确保审核过程的客观性和公正性。

(2) 管理评审

①总则。业主或总承包人的第一责任人应按规定的时间间隔对健康安全环境管理体系进行评审,以确保其持续适宜性、充分性和有效性。各承包人进行预评审,其评审结论是业主/总承包人管理评审的输入信息。评审应包括评价改进的机会和对健康安全环境管理体系、方针和目标进行修改的需求。应保存管理评审记录。

②评审输入。管理评审过程应确保收集到必要的信息提供给管理者进行评价。应保存管理评审输入的记录。

③评审输出。管理评审的输出应包括为实现持续改进的承诺,与健康安全环境方针、目标以及其他要素的修改有关的决策和行动;管理评审的相关输出应可用于沟通和协商。

(3) 持续改进

应根据健康安全环境管理绩效的评定结果,对健康安全环境目标、指标、风险控制措施进行修改完善,持续改进,不断提高安全绩效。

7.2 承包人(参建单位)HSE管理要点

技术指南第二部分职业健康安全环境管理体系规程(以下简称规程),是承包人(参建单位)在施工过程中进行HSE风险控制的文件,主要用于施工过程的风险控制。

7.2.1 体系要求

承包人以工程项目健康安全环境要求为目标,在投标前应对工程建设过程的风险源和风险进行评估,并对风险控制进行策划,编制健康安全环境风险计划书。该计划书是投标文件的内容之一。承包人中标后按照本工程构建HSE体系对参建单位的规程要求,编制健康安全环境风险控制文件,是指南第一部分规范在工程施工中的具体运用。施工过程健康安全环境风险控制文件,在工程施工运行的不同阶段,可视具体情况进行必要的补充和修订。

工程概况按照承包工程的任务和责任,介绍工程的工程位置、工程规模、工程任务及施工工艺流程、资源配置、地质与地貌、水文、气象、植物、动物、交通状况、网络通信、风土人情、电力供应与其他服务、境外公共安全。

7.2.2 领导承诺、方针目标和责任

(1)领导承诺

第一责任人应确定健康安全环境领导承诺。其原则和要求按照指南第一部分规范的规定执行,以创造良好的工作环境,保证员工的健康和安全。

(2)HSE方针

贯彻落实业主或总承包人HSE方针。

(3)HSE目标与指标

承包人根据自身安全生产的保障能力制定健康安全环境目标。承包人的健康安全环境目标是业主或总承包人健康安全环境目标体系的组成部分,是对业主或总承包人健康安全环境目标的分解。按照单位和部门在施工生产中的职能,制定安全生产指标和考核办法。

(4)组织机构、职责

承包人应建立健康安全环境委员会,第一责任人是健康安全环境委员会的负责人,也是业主或总承包人健康安全环境委员会的成员,与业主或总承包人的健康安全环境委员会保持充分的沟通与协商。承包人应依据技术指南第一部分规范中的要求,设置安全生产管理机构,配备安全生产管理人员。按照安全生产法律法规赋予的职责,建立安全生产责任制,明确各类人员在健康安全环境管理中的直线责任和各类人员的属地责任,制定健康安全环境业绩考核制度,定期组织考核。

(5)沟通与协商

承包人应针对健康安全环境管理体系实施与运行,建立、实施和保持程序。保持与业主或总承包人及内部不同层次和职能进行沟通与协商;与进入工作场所的分包方和其他访问者进行沟通;接收、记录和回应来自各方的相关沟通与协商。

7.2.3 风险源普查、风险评估和风险管理

(1)风险评估

承包人应依据技术指南第一部分规范中的要求和《公路桥梁和隧道工程施工安全风险评估指南》的规定,建立风险评估程序。对具有重大风险的作业过程进行风险源普查和风险评估,采取风险控制措施。应对设备、物资和材料的供应方、设备租赁方、工程分包方的风险源进行普查和评估,并将普查和评估的信息向以上相关方施加影响。

(2)风险源辨识、风险评价和风险控制措施

承包人应依据技术指南第一部分规范中的要求,持续施工过程的风险源辨识、风险评价和风险控制活动、及时修改补充风险控制措施,包括健康安全环境适用的法律法规和其他要求、目标指标和方案。

7.2.4 资源和文件控制

承包人应依据技术指南第一部分规范中的要求,明确为实现 HSE 目标所需要的人力、物力财力和信息资源。

(1)资源配置

承包人应根据工程施工过程健康安全环境管理的需要和资源条件,依据行业要求对健康安全环境管理所需的资源进行合理配置,完善和改进安全生产条件,保证资源需求审批落实的渠道畅通。

(2)能力、教育和培训

①能力

承包人应依据技术指南第一部分规范中的要求,建立能力和培训管理规定,对施工生产健康安全环境有影响的人员规定相应的能力。落实按照资质标准配置相应的人员、明确岗位任职条件。按照国家法律法规的要求持证上岗。

②教育和培训

承包人应依据技术指南第一部分规范中的要求,确定安全教育培训主管部门,实施分级管理,按规定及岗位需要,定期梳理安全教育培训需求,制定、实施安全教育培训计划,提供相应的资源保证。建立安全教育培训档案,并对培训效果进行评估和改进。参照业主或总承包人的培训矩阵,结合本单位的具体情况编制培训矩阵。

(3)施工机具装备的配置、使用和维护

施工机具装备的配置应适宜施工生产的类型、规模和特点。承包人应按技术指南第一部分规范中相应条款的要求,建立《健康安全环境设施完整性控制程序》和《特种设备安全管理制度》。按照属地管理的原则编制安全操作规程,落实对工程施工机具装备的定期检查、检验和维护,确保机具装备性能完好、可靠。

(4)文件和资料控制

①文件控制。承包人应依据技术指南第一部分规范中的要求和健康安全环境管理的需要,确保健康安全环境管理体系文件的编制、使用、评审、修订的效力。明确文件适用的范围、管理的职责、流程和方法。应每年至少一次对健康安全环境法律法规、标准规范、规章制度、操作规程的执行情况进行检查评估。

②记录控制。承包人应依据技术指南第一部分规范中的要求和健康安全环境管理的需要,健全主要健康安全环境管理过程、事件、活动、检查的记录档案,并加强对记录的有效管理。

7.2.5 健康安全环境管理

承包人应按照业主或总承包人对健康安全环境管理活动策划的结果,实施施工现场健康安全环境管理。落实直线责任和属地管理,开展"平安工地"建设活动。

(1)建设施工健康安全和环境管理描述

承包人应按照技术指南第一部分规范中的要求,由项目第一责任人依法负责对工程施工过程健康安全环境的全面管理,明确作业过程中单位作业的控制措施,保留施工过程控制措施的记录。

(2)风险控制措施

风险控制措施是依据业主或总承包人对施工过程的管理政策,结合施工特点确定风险控制措施,并形成风险控制的指导性文件。包括以下方面:

①实施细则。承包人应依业主或总承人对健康安全环境管理的要求,结合施工特点建立健全健康安全环境管理实施细则,并发放到相关工作岗位。细则应包括管理类文件和执行类文件两个方面的内容。

②现场 HSE 管理办法。承包人应对施工过程具有较大风险的作业场所制订各类办法,便于保持施工现场的健康安全环境秩序。

③专项施工方案。承包人应依据国家现行相关标准规范,由项目技术负责人组织相关专业技术人员,结合工程实际,编制专项健康安全环境施工方案。

④HSE 作业指导书。承包人应对有较大风险的作业过程编制健康安全环境作业指导书。HSE 作业指导书是在常规作业指导书基础上增加 HSE 风险的提示和消减措施,把风险控制

在"合理并尽可能低"的水平。HSE作业指导书,须经过评审后,整理汇编成相对固定的指导现场作业过程的健康安全环境风险控制文件。当施工作业发生变更时,应及时修订或补充。

⑤安全操作规程。承包人应对特种设备作业过程编制操作规程。包括并不限于以下设备:起重吊装设备、焊接设备、发电设备、工程机械、空压机组、大型回旋式钻机、大型液压平板车。当重要施工设备发生变更时,应及时修订或补充。

⑥标识的使用和管理。在建筑工地、生产现场、公共场所和其他有必要提醒人们注意安全的场所,应有效地传递安全信息,正确使用标志及其设置。

（3）安全作业许可

承包人应按技术指南第一部分规范中的要求,建立作业许可管理控制程序、依法针对危险性较高的作业实施分级控制。按照直线责任和属地管理的原则执行安全作业许可的申请、批准、实施、变更及保存程序。

（4）变更管理

承包人应按技术指南第一部分规范中的要求,建立《变更管理控制程序》。依法针对工程施工人员、施工(作业)程序、机具设备、材料、施工技术方案等发生的永久性或暂时性的变化,按照程序进行有计划的控制,以避免因变更带来的健康安全环境风险。明确变更实施及验收的部门和人员,在变更结束后形成记录文件,并通知相关部门和人员。

（5）分包方和(或)供应方管理

分包方和(或)供应方应按技术指南第一部分规范中的要求,建立分包方和(或)供应方管理制度。制度应符合行业市场准入规定。选择合格的分包方,对其实施全过程监督管理,确保其符合健康安全环境管理规定和要求。

（6）公共关系

应建立程序明确其职责和任务,就施工活动、产品或服务中的健康安全风险与环境及影响,在覆盖范围内与健康安全环境绩效或受其影响的社会各方进行沟通,包括采取规划和活动等方式展示组织的健康安全与环境绩效,获取社会各相关方对组织改进健康安全环境绩效的支持。

（7）应急管理

承包人应按技术指南第一部分规范中的要求,建立应急准备与响应程序。在施工开工(或施工作业)前,在风险评估以及对当地常见病、传染病和医院状况进行调查的基础上,针对大型设备吊装、爆破作业、水下作业、生产装置内的检修、异常环境或气候等危险作业,编制应急预案。境外项目要编制公共安全防恐应急预案。成立应急小组,制定应急程序,准备应急物资并进行应急演练,保证每个员工都熟悉应急预案和紧急情况下的应急动作。

7.2.6 检查、监测与考核

承包人应按照技术指南第一部分规范中的要求,建立监督检查与考核程序和监测管理规定。确定健康安全环境运行绩效的检查和准则,通过检查与考核,及时发现和消除事故隐患,纠正违章行为,改善健康安全环境管理状况,提高健康安全环境管理水平。

(1)检查与考核

检查与考核的主要内容包括:①检查与考核的形式和分类,包括主动检查、被动检查;②检查与考核的准则;③检查与考核的频次;④检查与考核的内容;⑤检查与考核结果的记录和反馈;⑥检查所发现的问题和隐患的整改;⑦处罚和奖励。检查人员应在每次检查结束后记录检测结果,及时提交安全检查报告。分析影响健康安全环境与隐患存在的部位和危险程度。及时纠正发现的违章指挥和作业行为。承包人同时接受业主或总承包人的检查与考核。

(2)监测

监测包括环境监测、工业卫生监测、职业健康监测、安全监测。监测管理包括检测单位具备实验室认可资质、检测结果获取相应的监测报告、对监测结果出现的不符合项及时进行整改。

(3)严格执行三同时政策

新、改、扩建项目严格执行三同时政策;《建设项目环境保护管理条例》《建设项目竣工环境保护验收管理办法》,建设项目安全设施"三同时"监督管理暂行办法,加强建设项目职业卫生"三同时"工作的通知要求。

(4)合规性评价

应建立、实施并保持程序,以定期评价对适用法律法规的遵守情况。应保存定期评价结果的记录。应评价对应遵守的其他要求的遵守情况。这可以和对适用法律法规的遵守情况的评价一起进行,也可另外制定程序,分别进行评价。应保存定期评价结果的记录。

(5)监视和测量装置

涉及健康安全和环境绩效监视和测量的仪器、设备,应按规定送检、持证、日常维护和建档予以控制。规定监视和测量装置失准的处理措施。

7.2.7 不符合、隐患整改、事故处理

承包人应依据技术指南第一部分规范中的规定,建立隐患整改、事故处理程序。

(1)不符合、隐患整改

①不符合。偏离各项健康安全环境管理规定的不安全行为和不安全状态,均属于不符合。保持不符合的证据。

②隐患整改。区别不同类型的健康安全环境隐患。健康安全环境隐患整改应符合下列规

定;对检查出的隐患,限期纠正违章指挥和作业行为;已发现的不符合的整改应采取纠正措施;潜在不符合应采取预防措施。制定纠正或预防措施前,应进行原因分析,对措施进行风险评价。跟踪检查纠正与预防措施的实施过程和实施效果,保存验证记录。重大安全事故隐患做到整改措施、责任、资金、时限和预案"五到位"。

③对于重大事故隐患,除依照规报送外,应当及时向安全监管监察部门和有关部门报告。对于重大事故隐患,由企业主要负责人组织制定并实施事故隐患治理方案。

④对于一般事故隐患,由项目部负责人或者有关人员立即组织整改。

(2)事故处理

事故处理应遵循相应程序,坚持事故原因不清楚不放过,事故责任者和人员没有受到教育不放过,事故责任者没有处理不放过,没有制定纠正和预防措施不放过的原则,防止二次伤害。

7.2.8 审核、评审和持续改进

(1)审核

承包人按技术指南第一部分规范中的要求,建立健康安全环境内部审核程序。参与业主或总承包人组织的内部审核,在审核前可以进行预审核。审核的过程确保独立性和公正性,保存审核证据。

(2)评审

承包人按技术指南第一部分规范中的要求,建立管理评审程序。管理评审由业主或总承包方统一组织实施,承包人应配合做好健康安全环境管理评审工作。在健康安全环境管理评审之前也可以组织预评审,作为管理评审的输入,保留评审证据。

(3)持续改进

承包人本着持续改进的原则,根据审核和评审的结论对工程施工的健康安全环境管理进行改进,使之不断完善。充分开展群众性的健康安全环境文化活动。

7.3 HSE 管理工具要点

7.3.1 HSE 管理工具内容

技术指南第三部分职业健康安全环境管理体系工具(以下简称工具),是业主(总承包人)和承包人(参建单位)在施工过程 HSE 风险控制文件的技术支撑文件。

7.3.2 HSE 管理工具作用

遵循"安全第一、预防为主、综合治理"的方针,以隐患排查治理为基础,提高安全生产水

平,减少事故发生,保障人员安全健康,保护环境,保证生产经营活动的顺利进行。将传统施工过程健康安全环境管理汇集的成功经验及规范、规程的示范成果,按照管理类别共设置8个模块。

工具是规范和规程实施过程的技术支持。交通基础设施建设HSE体系的建立,需要将现有技术方法和法规标准充分纳入管理体系中,全方面深层次覆盖施工企业健康安全环境管理中的诸多因素,实现过程控制的风险预防措施。HSE管理工具的系统性,为实现安全生产标准化工作奠定了基础。

工具以法律法规为行动准则控制作业过程,以监视测量和评审过程的符合性为手段,推行安全生产标准化、制度化、规范化,落实对安全风险预控措施。

7.3.3 HSE管理工具模块

按照管理类别共设置8个模块,分别为风险评估、适用法律、风险控制文件编制指南、作业许可及变更管理、HSE检查标准、体系文件模型、安全标识与标志、培训大纲等。

(1)第一模块:交通运输基础设施建设工程风险评估

交通运输基础设施建设工程风险评估
风险评估指导书

附件1　交通风险评估制度
 1.1　关于开展公路桥梁和隧道工程施工安全风险评估试行工作的通知(交质监发〔2011〕217号)
 1.2　关于在初步设计阶段实行公路桥梁和隧道工程安全风险评估制度的通知(交公路发〔2010〕175号)
附件2　风险源辨识、评价技术标准
 2.1　重大危险源标准
 2.2　事故等级标准
 2.3　职业病标准
 2.4　风险源术语和定义
附件3　危险源辨识、评价方法
 3.1　危险源辨识方法
  3.1.1　危险源辨识方法的比较
  3.1.2　安全检查表(SCA)
  3.1.3　工作安全分析(JSA)
  3.1.4　工作危害分析(JHA)
  3.1.5　人员可靠性分析(HRA)
  3.1.6　统计图表分析法
  3.1.7　头脑风暴法(BS)
  3.1.8　预先危险性分析(PHA)
  3.1.9　原因-后果分析(CCA)
 3.2　风险评价方法
  3.2.1　风险评价方法的比较
  3.2.2　作业条件危险性评价法 ESP法
  3.2.3　作业条件危险分析(LEC法)
  3.2.4　MES法(LS)是LEC评价方法的改进

续上表

  3.2.5 半定量风险矩阵
  3.2.6 定性风险矩阵法
  3.2.7 风险评价指数法 RAC 法
附件4 环境因素识别、影响评价方法
 4.1 环境因素识别方法
  4.1.1 产品生命周期法
  4.1.2 物料平衡分析
  4.1.3 调查表
  4.1.4 问卷调查法
  4.1.5 现场调查法
  4.1.6 专家评议法
 4.2 影响评价方法
  4.2.1 多因素评分法
  4.2.2 矩阵法
  4.2.3 重要性准则法
  4.2.4 其他评价方法

(2)第二模块:交通运输基础设施建设工程适用健康安全环境法规

交通运输基础设施建设工程适用健康安全环境法规
1. 交通运输基础设施建设适用健康安全环境法规及其他要求目录 2. HSE 法律法规及其他要求原文(略)

(3)第三模块:交通运输基础设施建设工程风险控制文件编制指南

交通运输基础设施建设工程风险控制文件编制指南
1. 施工现场安全管理办法编制指南及模本 2. 安全操作规程编制指南及模本 3. HSE 作业指导书编制指南及模本

(4)第四模块:交通运输基础设施建设工程作业许可规范、变更管理

交通运输基础设施建设工程作业许可规范、变更管理
1. 爆破作业安全许可管理规范 2. 动火作业安全许可管理规范 3. 高处作业安全许可管理规范 4. 进入受限空间作业安全许可管理规范 5. 临时用电作业安全许可管理规范 6. 起重作业安全许可管理规范 7. 潜水作业安全许可管理规范 8. HSE 变更管理规范

(5)第五模块:交通运输基础设施建设工程 HSE 检查标准

交通运输基础设施建设工程HSE检查标准
1. 综合篇
2. 通用篇
3. 专项篇(桥梁工程)
4. 专项篇(桥涵工程)
5. 专项篇(公路工程)
6. 专项篇(隧道工程)
7. 专项篇(综合建筑)

(6)第六模块:交通运输基础设施建设工程HSE体系文件模型

交通运输基础设施建设工程HSE体系文件模型
1. 业主或总承包人HSE管理体系文件模型
2. 承包人HSE管理体系文件模型

(7)第七模块:交通运输基础设施建设工程安全标识与标志

	交通运输基础设施建设工程安全标识与标志
1	GB 2893—2008 安全色
2	GB 2894—2008 安全标志及其使用导则
3	GB 13495—92 消防安全标志
4	GB Z158—2003 工作场所职业病危害警示标识

(8)第八模块:交通运输基础设施建设工程HSE体系培训大纲

交通运输基础设施建设工程HSE体系培训大纲
1. 风险源辨识风险评价
1.1 危险源辨识、风险评价
1.2 环境因素识别、影响评价
1.3 职业病(有害因素)识别方法
1.4 GB/T 13861—2009 生产过程危险和有害因素分类与代码
1.5 国家安全生产监督管理总局47号令《工作场所职业卫生监督管理规定》解读
2. HSE法律法规培训
2.1 工程建设安全管理法律法规
2.2 职业健康法律法规培训
2.3 建筑工程法律法规及相关内容培训
2.4 建筑工程施工相关法律法规摘要
2.5 施工安全管理法律法规培训
3. 企业安全生产标准化基本规范及课件
3.1 最新2010企业安全生产标准化基本规范解读
3.2 企业安全生产标准化基本规范
3.3 安全生产标准化建设
3.4 安全生产标注化指南
4. 建设施工管理规范
4.1 GB/T 50326 建设工程项目管理规范
4.2 GB 50656—2011 施工企业安全管理规范

交通运输基础设施建设工程 HSE 体系培训大纲

5. 人力资源管理培训
   - 5.1 企业哪些人员必须持证上岗
   - 5.2 HSE 培训矩阵
   - 5.3 安全员等五大员培训
   - 5.4 劳动合同法
6. 三级教育培训
   - 6.1 承包人环境、健康、安全(HSE)培训
   - 6.2 建筑工程三级安全教育内容(三级)培训资料
   - 6.3 参考—施工单位三级安全教育内容详细内容资料
   - 6.4 参考—新工人进场三级教育资料(全)资料
   - 6.5 新员工入厂安全培训
   - 6.6 农民工入场安全教育培训
7. 施工安全培训
   - 7.1 安全生产知识培训
   - 7.2 建筑施工安全常识教育
   - 7.3 工作场所职业病危害警示标识培训班
8. 施工现场安全培训
   - 8.1 施工现场安全常识教育
   - 8.2 施工安全生产意识培训
   - 8.3 建设工程职业健康安全与环境管理
   - 8.4 建设施工安全生产技术
   - 8.5 施工现场安全培训
   - 8.6 安全标识使用培训
   - 8.7 安全色标识使用培训
9. 特种设备作业人员培训
   - 9.1 特种作业人员与特种设备作业人员的区别
   - 9.2 特种设备作业人员作业种类与项目
   - 9.3 特种设备安全法(关于生产、采购、使用、维护)
10. 特种作业人员培训
    - 10.1 企业哪些人员必须持证上岗
    - 10.2 特种作业人员
    - 10.3 特种作业人员考核管理规定
    - 10.4 作业许可—特种作业安全培训
11. 计量仪器设施
    - 11.1 强制检定的计量器具名录及相关规定
    - 11.2 强制检定的工作计量器具强检形式及强检适用范围表
    - 11.3 计量器具管理目录及检定周期
    - 11.4 计量器具检定周期表
    - 11.5 特种设备定期检验周期
12. 应急预案
    - 12.1 国家应急预案法规
    - 12.2 事故应急预案编制与实施
    - 12.3 应急预案标准导则
    - 12.4 应急预案
    - 12.5 应急预案审核及要求
    - 12.6 应急预案的作用与基本编制程序

续上表

交通运输基础设施建设工程 HSE 体系培训大纲
13. 审核 　13.1　HSE 审核知识 　13.2　不符合项根本原因分析方法 14. HSE 管理工具 　14.1　有关领导 　14.2　直线责任 　14.3　属地管理 　14.4　现场观察与沟通 　14.5　目视化管理 15. 指南宣讲

7.4　HSE 体系示范

7.4.1　HSE 管理示范策划

工程建设业主(总承包人)是整体 HSE 管理体系架构的搭建者,各标段结合承包人根据所在标段工程组成及自身管理要求,落实建设业主对体系建设的要求,体系建设覆盖范围如图 7-1 所示。

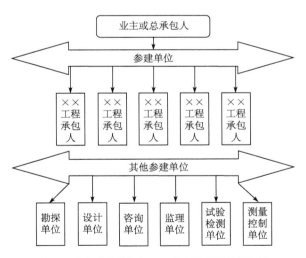

图 7-1　业主或总承包人 HSE 管理体系覆盖范围图

交通运输基础设施建设安全和环保适应性管理研究,是以港珠澳大桥为例,探讨职业健康安全和环保(HSE)管理体系在交通运输基础设施建设中的可行性,通过新模式的应用示范,验证伙伴关系的项目风险管理的适用性。建设业主和所有标段的参建单位都开展了示范。示范单位对应的依据关系,见表 7-1。

示范单位对应依据关系　　　　　　　　　表 7-1

示 范 单 位	示 范 依 据
工程建设业主单位： 港珠澳大桥管理局	技术指南第一部分规范 技术指南第三部分工具
工程建设承包单位： 桥梁工程 CB01 标项目经理部 桥梁工程 CB02 标项目经理部 桥梁工程 CB03 标项目经理部 桥梁工程 CB04 标项目经理部 桥梁工程 CB05 标项目经理部 桥梁工程 CB06 标项目经理部 桥梁工程 CB07 标项目经理部 岛隧工程项目经理部	技术指南第二部分规程 技术指南第三部分工具

7.4.2　建设业主 HSE 管理示范

示范主体是港珠澳大桥管理局(工程建设业主单位)。主要示范应用针对工程建设业主单位 HSE 管理要点,其技术路线包括：

第一阶段,确定港珠澳大桥建设项目的工程特点、参建单位；

第二阶段,确定港珠澳大桥管理局实施 HSE 管理的方针、目标和政策；

第三阶段,对原有 HSE 管理体系运行效果调查,重新开展风险评估、建立体系,收集原有 HSE 管理体系运行的经验、成效、缺陷、建议；

第四阶段,对原有 HSE 体系文件进行分类、优化,策划建设业主体系结构；

第五阶段,创建港珠澳大桥管理局的 HSE 管理体系文件；

第六阶段,文件修订和审批；

第七阶段,专家评审；

第八阶段,将风险控制措施文件标准化。

港珠澳大桥管理局按照针对工程建设业主单位 HSE 管理要点,结合承包人规程的示范成果,对管理局原有 HSE 管理体系进行整合,建全业主 HSE 风险管理的系统文件。港珠澳大桥管理局 HSE 管理体系文件成果,见表 7-2。

港珠澳大桥管理局示范成果文件　　　　　　　表 7-2

册序	内　　容	册序	内　　容
第一册	港珠澳大桥管理局 HSE 管理导则	第四册	港珠澳大桥管理局应急预案
第二册	港珠澳大桥管理局 HSE 程序文件(21 篇)		港珠澳大桥主体工程建设期间 HSE 综合预案
第三册	港珠澳大桥管理局管理制度(38 篇)		专项应急预案(9 项)
	第一部分:管理文件	第五册	港珠澳大桥管理局 HSE 绩效检查表目录
	第二部分:执行文件	第六册	港珠澳大桥管理局 HSE 适用法律法规及其他要求

管理局示范成果,确定了伙伴关系项目风险管理的统一管理、系统管理、分工协作的 HSE 体系文件,明确了业主主导作用。示范成果通过评审后,作为案例编入技术指南第三部分工具的相应模块。

7.4.3 参建单位 HSE 管理示范

参建单位 HSE 管理规程的示范主体是港珠澳大桥工程建设各承包人单位,包括主体工程桥梁工程 CB01、CB02、CB03、CB04、CB05、CB06、CB07 项目部和岛隧工程项目部。示范应用步骤包括:

第一阶段,确定工程范围、任务、环境、组织状况;

第二阶段,风险评估:按照《公路桥梁和隧道工程施工安全风险评估指南》的规定,对施工过程具有较大风险的施工作业活动,进行了风险源普查、风险评价、确定风险作业的不安全行为和不安全状态、评价风险等级,确定风险控制措施,编制风险评估报告;

第三阶段,将风险控制措施文件化;

第四阶段,风险控制措施文件适宜性审查;

第五阶段,文件效果验证、修订和审批;

第六阶段,专家评审、修改、验证;

第七阶段,将风险控制措施文件标准化。

根据参建单位 HSE 管理规定,通过对港珠澳大桥主体工程所有 7 个桥梁工程标段和 1 个岛隧工程标段的示范,建立了港珠澳大桥主体工程承包人单位的 HSE 管理体系。HSE 风险管理的体系文件示范建立成果,见表 7-3。示范成果通过评审后,作为案例编入建设指南第三部分工具的相应模块。

各标段示范成果文件 表 7-3

册 序	内 容	册 序	内 容
第一册	风险评估报告	第六册	HSE 作业指导书
第二册	HSE 计划书	第七册	HSE 技术操作规程
第三册	HSE 程序文件	第八册	HSE 检查表
第四册	HSE 管理实施细则	第九册	应急预案、应急响应措施
第五册	HSE 管理办法	第十册	HSE 法规及其他要求

通过实施伙伴关系的建设项目风险管理,尝试了将工程建设的所有参与者整合为一个整体、一个 HSE 管理体系,体现了预期效果:

(1) HSE 风险管理资源有效集成,解决多个单位共建一项工程、令行不一致的群体管理的缺陷,提高了具体工程的风险控制能力;

(2) 有利于保证参建单位在同一个管理体系框架下为完成同一个目标的同时,又能完成

专业活动和法定的 HSE 管理职责,形成共性通用、特性突出、统一规范的 HSE 风险管理;

(3)每个参建单位在施工中具有专业的独立性,最终保证参建单位各方的合理利益;

(4)弥补了按照 GB/T 24001 和 GB/T 28001 标准建立的职业健康安全环境管理体系的众多不足。通过示范,参建单位结合工程全过程,建立了系统的、专业的、目标明确的、逻辑分明的 HSE 风险管理体系,有效提升了风险的可控性。

参 考 文 献

[1] Schreiber E S G, Bearlin A R, Nicol S J, et al. Adaptive management: A synthesis of current understanding and effective application [J]. Ecological Management & Restoration, 2004, 5(3): 177-182.

[2] Parkes J P, Robley A, Forsyth D M, et al. In my opinion: Adaptive management experiments in vertebrate pest control in New Zealand and Australia [J]. Wildlife Society Bulletin, 2006, 34(1): 229-236.

[3] Hilborn R. Can fisheries agencies learn from experience? [J] Fisheries, 1992, 17(4): 6-14.

[4] Halbert C L. How adaptive is adaptive management? Implementing adaptive management in Washington State and British Columbia [J]. Reviews in Fisheries Science, 1993, 1(3): 261-283.

[5] 徐广才, 康慕谊, 史亚军. 自然资源适应性管理研究综述[J]. 自然资源学报, 2013, 28(10): 1797-1807.

[6] Vogt K A, Gordon J C, Wargo J P. Ecosystems: Balancing Science with Management. New York: Springer, 1997.

[7] Mills T J, Clark R N. Roles of research scientists in natural resources decision-making. Forest Ecology and Management, 2001, 153: 189-198.

[8] Prato T. Multiple attributes Bayesian analysis of adaptive ecosystem management. Ecological Modelling, 2000, 133: 181-193.

[9] Lee K N. Compass and Gyroscope: Integrating Science and Politics for the Environment. Washington D. C. : Island Press, 1993.

[10] 汪思龙, 赵士洞. 生态系统途径——生态系统管理的一种新理念[J]. 应用生态学报, 2004, 15(12): 2364-2368.

[11] Korn H, Jutta S, Edward M. Report of the Seientific Workshop "The Ecosystem Approach-What does it Mean for European Ecosystems?" at the International Academy for Nature Conservation Isle of Vilm, Gerraany, November 26/27. 1998. Bonn (Federal Agency for Nature Conservation). BFN-Skrlpten, 1999.

[12] 朱立言, 孙健. 适应性管理的兴起及其理念[J]. 湖南社会科学, 2008(6): 63-68.

[13] 孙健. 管理学视野中的生态和谐人假设及其实现[J]. 管理科学, 2005(1): 10-13.

[14] 黄志斌. 论管理中的绿色和谐人假设[J]. 东南大学学报, 2003(2): 58.

[15] 朱华桂. 管理学人性假设的历史演变[J]. 南京社会科学, 2003(2): 24.

[16] 彭新武. 复杂性思维与社会发展[M]. 北京: 中国人民大学出版社, 2003.

[17] 基思·帕庆. 管理与组织发展[M]. 北京: 经济管理出版社, 2003.

[18] 哈肯. 协同学[M]. 上海: 上海科学出版社, 1988.

[19] 弗兰克. 白银资本: 重视经济全球化中的东方[M]. 北京: 中央编译出版社, 2000.

[20] Michael R Lissack. Chaos and Complexity: Managerial Insights from A New Science[J]. Management Decision, 1997, 35(3): 205-215.

[21] AkÇAkaya H R, Radeloff V C, Mladenoff D J, et al. Integrating landscape and metapopulation modeling approaches: Viability of the sharp-tailed grouse in a dynamic landscape [J]. Conservation Biology, 2004, 18(2): 526-537.

[22] Wintle B A, Lindenmayer D B. Adaptive risk management for certifiably sustainable forestry [J]. Forest Ecology and Management, 2008, 256(6): 1311-1319.

[23] Gray A N. Adaptive ecosystem management in the Pacific Northwest: A case study from coastal oregon [J]. Conservation Ecology, 2000, 4(2).

[24] Zio E. An Introduction to the Basics of Reliability and Risk Analysis[M]. World Scientific Publishing Company,2007.

[25] 曹云,徐卫亚. 系统工程风险评估方法的研究进展[J]. 中国工程科学,2005,7(6):88-94.

[26] 阮欣. 桥梁工程风险评估体系及关键问题研究[D]. 同济大学,2006.

[27] 曾铁梅,吴贤国,张立茂,等. 公路地铁合建越江段大直径盾构隧道工程风险分析[J]. 城市轨道交通研究,2016,19(10):18-22.

[28] 陈龙. 城市软土盾构隧道施工期风险分析与评估研究[D]. 同济大学,2004.

[29] 张永刚,王永红,王梦恕. 渤海湾海底隧道工程施工风险评估与控制分析[J]. 土木工程学报,2015(s1):414-418.

[30] 刘文,赵挺生,张亚静,等. 地铁盾构施工安全风险规律分析与对策[J]. 中国安全科学学报,2017(10):130-136.

[31] 王燕,黄宏伟,李术才. 海底隧道施工风险辨识及其控制[J]. 地下空间与工程学报,2007,3(z1):1261-1264.

[32] 吴贤国,吴刚,骆汉宾. 武汉长江隧道工程盾构施工风险研究[J]. 中国市政工程,2007(1):51-53.

[33] 王晶,王鹏飞,谭跃虎. 地铁隧道工程施工过程中风险管理研究[J]. 地下空间与工程学报,2009,5(2):385-389.

[34] 全国质量管理和质量保证标准化技术委员会秘书处. 2000版质量管理体系国家标准理解与实施[M]. 北京:中国标准出版社,2001.

[35] 中华人民共和国国家标准. GB/T 28001—2011 职业健康安全管理体系 要求[S]. 北京:中国标准出版社,2011.

[36] 中华人民共和国国家标准. GB/T 28002—2011 职业健康安全管理体系 实施指南[S]. 北京:中国标准出版社,2012.

[37] 中华人民共和国国家标准. GB/T 19000—2016 质量管理体系 基础和术语[S]. 北京:中国标准出版社,2017.

[38] 中华人民共和国国家标准. GB/T 19011—2013 管理体系审核指南[S]. 北京:中国标准出版社,2013.

[39] 中华人民共和国国家标准. GB/T 24001—2004 环境管理体系 要求及使用指南[S]. 北京:中国标准出版社,2005.

[40] Johnson H M,Singh A,Young R. Fall protection analysis for workers on residential roofs[J]. Journal of Construction Engineering and Management,1998,124(5):418-428.

[41] Fredericks T,Abudayyeh O,Palmquist M,et al. Mechanical contracting safety issues[J]. Journal of Construction Engineering and Management,2002,128(2):186-193.

[42] Health and Safety Executive. Strategies to promote safe behaviour as part of a health and safety management system[R]. UK:Health and Safety Executive,2002.

[43] Lee S,Halpin D W. Predictive tool for estimating accident risk[J]. Journal of Construction Engineering and Management,2003,129(4):431-436.

[44] Qingwei Zhou,Jie Meng,Xiaoyong Wang,et al. Establishment on HSE Management System of the oceanographic research vessels[A],Oceans[C]. China:IEEE,2016:1-6.

[45] 韩婧,梁伟,张来斌. 基于BP算法的模糊Petri网HSE绩效评价方法[J]. 中国安全科学学报,2017,27(9):116-121.

[46] Hudson P. Implementing a safety culture in a major multi-national[J]. Safety Science,2007,45:697-722.

[47] Saari J. On strategies and methods in company safety work:From informational to motivational strategies[J], Journal of Occupational Accidents,1990,12:107-118.

[48] 王晓秋,马永红. HSE 管理体系在国内外企业的发展情况[J]. 化工管理,2007(2):44-47.
[49] 赵新智,吕晓俐,朱建伟. 影响 QHSE 管理体系运行质量因素分析及改进措施[J]. 石油工业技术监督,2006,22(11):29-31.
[50] 王祖和. 工程质量持续改进概念模式[J]. 中国管理科学,2003,11(z1):95-98.
[51] 吴士权. 持续改进—ISO 9001:2000 的精髓[J]. 世界标准化与质量管理,2002(5):14-15.
[52] Azadeh A., Mohammad F. I., Nouri M. A. Integrated health, safety, environment and ergonomics management system [J]. Scientific& Industrial Research,2008,67(6):403-411.
[53] 陈蔷,陈薇. SQS 和 OHSMS 整合途径的探索和实践[C]// 中国职业安全健康协会 2007 年学术年会论文集. 2007.
[54] 曹银鸽. 企业 HSE 管理体系持续改进模式研究[D]. 北京:首都经济贸易大学,2009.
[55] 中华人民共和国国家标准. GB/T 19004—2011 追求组织的持续成功 质量管理方法[S]. 北京:中国标准出版社,2012.
[56] 交质监发〔2011〕217 号附件《公路桥梁和隧道工程施工安全风险评估指南》.

索 引

a

安全标准化 Safety standardization ……………………………………… 55,114
安全生产 Safe production ……………………………………………………… 44

b

爆破工程 Blasting engineering …………………………………………………… 26
板单元 Board unit ………………………………………………………………… 65
本质安全 Essential security …………………………………………………… 54
不安全行为 Unsafe behavior …………………………………………………… 33
不安全状态 Unsafe state ………………………………………………………… 33

c

常规管理 General management ……………………………………… 42,58,59
沉管 Immersion tube ……………………………………………………………… 62
承包方 Contractor ………………………………………………………………… 98
承台墩身 Cap pier ………………………………………………………………… 64
程序文件 Program files ………………………………………………………… 103
持续改进 Continuous improvement …………………………………………… 17

d

大节段 Large segment …………………………………………………………… 65
打桩作业 Piling work …………………………………………………………… 27
吊装 Hoisting ……………………………………………………………………… 65
墩台 Pier …………………………………………………………………………… 64

f

风险分析 Risk analysis ………………………………………………………… 92
风险管理 Risk management …………………………………………………… 73
风险评估 Risk assessment ……………………………………………………… 10
浮运安装 Floating installation ………………………………………………… 63

g

高边坡工程 High slope engineering …………………………………………… 26

h

合规性评价 Compliance evaluation ······ 129
HSE 管理体系 Occupational Health, Safety and Environment management system ······ 1,2,3

j

基坑支护 Foundation pit support ······ 26
集群工程 Cluster engineering ······ 2
极值点（拐点）管理 Extreme point (inflection point) management ······ 12,13
渐近式管理 Asymptotic management ······ 12,13
建设业主 Construction owner ······ 98
交通基础设施 Transport infrastructure ······ 1,2

l

离岸人工岛 Offshore artificial island ······ 62
两书一表 Operating instructions, work plan and checklist ······ 111
临边工程 Frontier project ······ 27

m

模板工程 Template engineering ······ 27

o

OHSMS（职业健康安全管理体系，Occupation Health and Safety Management System） ······ 25

p

平安工程 Safe engineering ······ 113
平安工地 Safe site ······ 46,114

q

桥面铺装 Deck paving ······ 76
QMS 质量管理体系 Quality Management System ······ 25

s

事故处理 Accident handling ······ 136
适应性管理 Adaptive management ······ 7
适应性生态系统管理 Adaptive ecosystem management ······ 8
水运工程 Water transport engineering ······ 26
隧道管节 Tunnel tube section ······ 62

t

体系化管理 Systematic management …………………………………………… 13, 24
体系实施与运行 Implementation and operation of system …………………… 100
土方开挖 Earth excavation …………………………………………………………… 27

w

危险源 Source of risk ………………………………………………………………… 26
文件结构 File structure ……………………………………………………………… 97

y

一体化管理体系 Integrated management system ……………………………… 13
隐患整改 Hidden danger rectification …………………………………………… 135
应急预案 Emergency plan ………………………………………………………… 140
有害因素 Harmful factors ………………………………………………………… 30

z

中华白海豚 Chinese white dolphin ……………………………………………… 86
装配化 Assembling production …………………………………………………… 64
综合管理体系 Integrated management system ………………………………… 14

图书在版编目(CIP)数据

港珠澳大桥工程建设职业健康安全与环境(HSE)管理/余烈等著.— 北京：人民交通出版社股份有限公司，2018.3
ISBN 978-7-114-14623-7

Ⅰ.①港… Ⅱ.①余… Ⅲ.①跨海峡桥—桥梁工程—工程施工—安全管理 Ⅳ.①U448.19

中国版本图书馆 CIP 数据核字(2018)第 057918 号

"十三五"国家重点图书出版规划项目
交通运输科技丛书·公路基础设施建设与养护
港珠澳大桥跨海集群工程建设关键技术与创新成果书系
国家科技支撑计划资助项目(2011BAG07B05)

| 书　　名：**港珠澳大桥工程建设职业健康安全与环境(HSE)管理** |
| 著 作 者：余　烈　李兴华　苏权科　段国钦　刘建昌　曹汉江　等 |
| 责任编辑：郑蕉林　丁　遥　等 |
| 责任校对：刘　芹 |
| 责任印制：张　凯 |
| 出版发行：人民交通出版社股份有限公司 |
| 地　　址：(100011)北京市朝阳区安定门外外馆斜街 3 号 |
| 网　　址：http://www.ccpress.com.cn |
| 销售电话：(010)59757969,59757973 |
| 总 经 销：人民交通出版社股份有限公司发行部 |
| 经　　销：各地新华书店 |
| 印　　刷：北京雅昌艺术印刷有限公司 |
| 开　　本：787×1092　1/16 |
| 印　　张：10.75 |
| 字　　数：212 千 |
| 版　　次：2018 年 3 月　第 1 版 |
| 印　　次：2018 年 3 月　第 1 次印刷 |
| 书　　号：ISBN 978-7-114-14623-7 |
| 定　　价：80.00 元 |

(有印刷、装订质量问题的图书，由本公司负责调换)